商业盈利模式
一本通

PROFIT MODEL

巩小定 ◎ 著

民主与建设出版社

·北京·

图书在版编目（CIP）数据

商业盈利模式一本通 / 巩小定著 . -- 北京：民主
与建设出版社，2025. 6. -- ISBN 978-7-5139-4957-6

Ⅰ. F715.5

中国国家版本馆 CIP 数据核字第 2025E15K23 号

商业盈利模式一本通

SHANGYE YINGLI MOSHI YIBENTONG

著　　者	巩小定
责任编辑	唐　睿
封面设计	沐　云
出版发行	民主与建设出版社有限责任公司
电　　话	（010）59417749　59419778
社　　址	北京市朝阳区宏泰东街远洋万和南区伍号公馆 4 层
邮　　编	100102
印　　刷	大厂回族自治县彩虹印刷有限公司
版　　次	2025 年 6 月第 1 版
印　　次	2025 年 6 月第 1 次印刷
开　　本	670 毫米 ×950 毫米　　1/16
印　　张	13
字　　数	190 千字
书　　号	ISBN 978-7-5139-4957-6
定　　价	52.00 元

注：如有印、装质量问题，请与出版社联系。

　　从来没有哪个时代像今天这样有趣：淘宝上居然有人在卖"爱因斯坦的大脑"，五毛钱一份，没有商品，也不发货。当我们以为商家疯了时，偏偏买者云集，还乐在其中。这不得不令人深思其背后的商业逻辑。

　　这是一个疾速变化的商业时代，充斥着各种新商品、新经营模式、新商业形态。市场变了，用户需求也变了。全民皆商，竞争越来越激烈，但我们时不时能看到一夜之间崛起的新兴企业，迅速打造了商业帝国。只看表象，我们会看到独特的商品，不一样的经营方式，从来没见过的商业形态。仔细探究其本质，我们会发现，决定企业能走多远、飞多高的，已经不是资本，不是人力，而是商业模式。

　　企业的竞争，归根结底是商业模式的竞争。产品或者服务的迭代只会让企业维持当下的盈利状态，而商业模式的演变，却可以为企业带来意想不到的飞跃。

　　在淘汰已成为常态的市场环境下，进化商业模式，已经成了企业必做的功课之一。任何一个企业都可以根据自己的经营策略、运营渠道等构建独特的商业模式，通过差异化找到自己的蓝海赛道，通过符合用户需求的价值主张赢得更大的获客机会，进而找到更多盈利点，为企业的持续发展找到充足的动力。同时，企业还可以在一个主模式上嫁接多种新颖而又适合自己的小商业模式。

一个做内容的小博主，可以撬动一个大企业，因为他身后有大量的粉丝，粉丝带来的流量，可以通过很多形式变现为真正的利润。

　　一个能汇聚人、货、场的平台，可以形成生态，生态网上的任何节点和生态之间可以使用佣金模式，节点和节点之间还可以联结成联盟，可以进行资源共享，可以实现共栖，将有限的资源放大，变成无限的资本。

　　一个有产品但无资本的企业，可以通过订单借钱，让产品说话；可以通过众筹借钱，让小额资金集腋成裘……

　　以上这些是已经在市场上出现的商业模式。未来，随着经营者的不断创新，随着用户需求的不断演进，商业模式必然会出现更多的裂变，形成更多的新形态。未来我们要想做商业，不怕没资源，就怕我们没有洞察力、想象力和创造力，不会学习嫁接他人已经用过并且成功的商业模式，更怕我们不会创造更适合自己的商业模式。

　　商业模式不是形式，其内涵是思维创造。商业，不仅是买卖，也是为用户打造升级的体验。

　　本书从商业变革的视角谈起，希望帮助人们进行认知升维，在看到已有商业模式的同时，摸透这些商业模式演进的逻辑和路径，重塑更适合企业自身、更适应商业环境的、更长久盈利的商业模式。

>>>>>>>>>>>>>>> 商业模式理论全览篇 <<<<<<<<<<<<<<<

第6章　运营模式：优化流程管理，提升运营效率

第7章　融资模式：拓宽融资渠道，加速资本积累

>>>>>>>>>>>>>>>>>>>> 商业模式破局篇 <<<<<<<<<<<<<<<<<<<<

商业模式理论全览篇

>>>>>>>>>>>>>>>>>>>>>>> <<<<<<<<<<<<<<<<<<<<<<<

　　商业模式的概念早已深入人心，大家都知道商业模式决定商业成败。新商业形态层出不穷，新模式不断演进，那么，企业究竟该如何形成自己的商业模式？其实，在这个高速发展的时代，我们需要用动态的、变革的思维来看待和解读商业模式，提高洞察市场变化的能力，从升维视角寻求商业模式的突破和创新。

第1章

认知领先：用变革思维解读商业模式

面对商业变革的浪潮，企业应秉持开放、创新的理念，用变革的思维深入探究商业模式的核心。唯有认知领先，企业才能在复杂的商业环境中破局。

商业模式是资源向价值转化的模式

在瞬息万变的商业形态中，变化已经成了一种常态。曾经看似固若金汤的商业帝国，可以在一夜间被新兴商业摧毁；拥有雄厚资金实力的投资模式，转瞬就被奇特的虚拟商业吞没；原本可以持续扩大企业市场版图的商业策略，在新经济冲击下变得一文不值。因此，所有企业不得不重新思考，在变数频发的时代，如何才能构建一种稳赢的战略架构呢？这里的战略架构，就是我们常说的商业模式。

1. 什么是商业模式

只要是交易，必然存在一定的模式，最简单的就是以物换钱。为了实现以物换钱，企业首先要创造物，再找到交易对象，然后实现交易。因此简单来说，商业模式就是价值创造、价值传递和价值实现的价值链体系。

稍微复杂一点的交易，必然需要一定的战略。

比如，秦穆公用羊皮换百里奚，就是一种商业交换，它的战略就是通过轻视来麻痹对方，将百里奚当成一个逃跑的奴隶，用很低的价格轻松实现一场高质量的交易。

在如今这个全民皆商的时代，人们对商业模式已经有了足够的认识。比如，精益生产、市场细分、跟踪热点、内容为王、格局创新、线上与线下融合等，就是商业模式的一些体现。

2．颠覆与被颠覆是商业模式的新常态

商业模式具有不稳定性和变革性。企业要想保持竞争力，就必须拥有敏锐的洞察力和持续的创新精神，以应对不断变化的商业环境。

以咖啡店为例，曾经的实体店仅凭黄金地段便能轻松盈利，但随着新科技、新元素的不断涌现，新商业模式对传统咖啡店形成了降维打击。比如，三顿半这个新品牌就是通过颠覆传统脱颖而出的。在技术创新层面，它独创了"冷萃提取、智能冻干"技术，为用户提供三秒速溶的高品质咖啡；在包装设计层面，采用小罐罐装和数字化分类的创意包装，结合策略营销，提高了用户忠诚度。相反地，三顿半企业如果还采取传统的商业模式，就难以盈利。

3．商业的本质就是资源变现

商业模式可以拆分成商业和模式两个部分。

一是商业。用简单的话说，商业就是卖出去自己有的，赚回自己想要且没有的。人们之所以觉得赚钱难，很大程度上是因为看不到自己拥有什么，头脑里自然形不成战略体系。

在简单的商业形态中，自己拥有的都是可以直接表达出来的，如钱、物、技能等。随着商业格局越来越复杂，资源成了一种创意变量。比如，"共享"这种商业形态，交易的就是拥有物的闲置时间；"种草"商业形态，交易的是自己的经历和经验；"知识付费"商业形态，交易的是对知识不同角度、不同维度的咀嚼等。

二是模式。所谓模式，就是把"我"、用户和资源用一定的方式联结起来。作为企业，我们要知道自己是谁，拥有什么资源；要知道我们对谁来说有资源。换句话说，就是我们的用户是谁，用户的需求是什么，用一种巧妙而不突兀的方式将三者联结起来。

以开奶茶店为例，有人觉得最近几年大型商超附近的地段都已经带不

来流量了。基于此，我们看看如何整合资源实现奶茶店的盈利。

进入大型商超购物的消费者通常是开车来的，他们的痛点之一就是停车困难。奶茶店如果用买奶茶送停车券的方式，就能吸引人们来奶茶店。停车券让奶茶店成了用户进入商超的第一站。这样，奶茶店就掌握了一个重要的时间节点，也是一个信息节点。此外，奶茶店可以免费为消费者提供关于商超内店铺的所有信息，如谁家正在举办活动，谁家正在优惠促销。消费者买奶茶时，不但赠送停车券，还赠送商超内商铺的优惠券。这样，消费者就会觉得超值，此时奶茶店若推出办卡活动，则会有很多消费者非常愿意办卡。商超里的店铺自然都希望消费者第一时间先获得自己店铺的信息，因此他们会为奶茶店免费准备优惠券等。

这是一个相对简单的商业模式。这家奶茶店的主要资源不再是奶茶，而是信息服务。这个认知决定了它对自己的认识、对用户的识别、聚拢散离资源的技巧，以及联结三者关系的模式。奶茶店的价值体系是从消费者进入商超的那一刻开始的，消费者的第一需求是停车，然后是去哪里购物最好，接着是累了在哪里休息等。

只有资源和需求对等，企业才能有效地构建一套商业模式的价值体系，从而进行资源变现。

从这个角度说，商业模式是一套通过深刻洞察市场需求后做了精准定位、创造价值、有效传递价值并持续获取价值的战略框架体系。企业商业模式的构建，需要根据自身在具体的商业环境中掌握的资源，精心打造一套独特的价值主张，从而提升自身的市场影响力实现变现。

不确定时代，企业需要独行思维

如今是VUCA时代，所谓VUCA，指的是Volatility（易变性）、Uncertainty（不确定性）、Complexity（复杂性）、Ambiguity（模糊性）四个单词的首字母缩写，代表了高度的不确定性。科技革命与互联网浪潮的兴起，彻底颠覆了传统的商业逻辑。这场变革不仅体现在科技领域的创新与升级上，还体现在涉及思维方式和能量释放的全面变革方面。在这样的背景下，企业传统的经验可能失效，复制性思维也容易在变革的浪潮中触礁。企业要想适应这样的变革节奏，获得强大的能量，就需要具备敏锐的洞察力和独行思维。

这里说的独行思维，可以是敢为天下先，做先锋开拓者。但对大多数企业来说，他们很难通过独行思维脱颖而出，也没有能力和资源造新路、出新品，这时候就需要借助商业模式拓宽认知维度，通过独特的视角和创新的策略，成为特定领域的"顶流"。

比如，淘宝当年凭什么崛起？因为它开创了互联网时代C2C（Consumer to Consumer，从个人到个人）电商平台模式，让买卖双方直接交易。淘宝因为重塑了零售格局，所以很快成为全球商业巨头。

在电商领域竞争越来越激烈的前提下，小红书独辟蹊径，其定位是记录美好生活，因此激发了用户的"种草"欲望，通过构建高质量的内容生态，让用户成了内容的创造者与传播者，形成了独特的社区氛围和强大的用户黏性。

在移动互联网时代，抖音为何能风靡全球？因其创新的短视频内容生态，结合算法推荐，让每个用户都能找到兴趣所在，同时也为内容创作者提供了广阔的舞台和变现机会。

这些成功的案例无一不证明，在不确定的时代，独行思维与独特的商业模式是企业突围成功的关键。换句话说，企业在资本、技术、产品等方面都不具备优势时，可以采取差异化商业模式来博弈。

下面我们以苹果公司的音乐生态产品为例，来看看其商业模式中包含的独行思维。

1. 延伸价值链，转变身份

苹果公司不但推出了硬件（iPod），而且将硬件与软件（iTunes音乐商店）、在线服务结合在一起，形成了一个闭环的生态系统。iPod面世前，市场上已经出现了MP3播放器，但那只是一个给用户储存音乐的播放器。苹果公司将商业路径向前拓展了一步，那就是搭建了iTunes音乐商店，这是iPod商业模式中的关键一环。iTunes整合了数百万首曲目，用户可以轻松购买、下载和管理音乐，然后传输至iPod中，享受高品质的音乐体验。正是iTunes音乐商店的存在，才使得苹果公司转变身份，从产品供应商成为全球最大的在线音乐零售商。

因为iTunes的出现，苹果这种一体化的运作模式极大地提高了用户体验感，从而使得iPod在硬件市场中脱颖而出。

2. 构建生态系统

苹果公司借助软件、硬件相结合的模式，极大地方便了用户，推动了数字音乐的发展。另外，它还通过iPod和iTunes构建了一个庞大的生态系统。

这个生态系统里有用户，平台为用户提供了丰富的音乐资源和服务；

有音乐版权提供者，平台给了这些供应商售卖版权的市场；有广告商，消费者存在的地方就是营销集中的地方……

这个生态系统就是一平台多赢，每个人在这里既可以是用户，也可以是供应商，还可以是营销者。苹果公司不断优化生态系统中的各个环节，激发了产业链上下游的活力，因此，苹果公司成功地构建了一个良性循环的商业模式。

3. 打造多元化的盈利模式

其实，iPod的盈利模式也不仅仅局限于硬件销售、配件销售，还包括在线服务收入、iTunes音乐商店的销售提成、在线广告收入等，苹果公司实现了盈利模式的多元化。这种多元化的盈利模式不仅为苹果公司带来了可观的收入，还增强了其商业模式的稳定性和可持续性。

苹果公司的创新不仅仅是产品的创新与融合，更是对整个行业生态的深刻重塑，它突破了传统框架，以用户为中心，构建了一个集内容、服务、硬件于一体的闭环生态系统。这就是一个独行思维的典型案例。

如今，我们面临更复杂的商业环境，需要更巧妙的创新角度，为此，我们要重新解读商业，搭建更独特的商业模式，或融合，或拆分，或重构，或完善。如此，我们才能在激烈的市场竞争中脱颖而出，实现可持续发展。

驱动商业模式成功的六大核心要素

商业模式的精髓，是将企业的市场定位、业务系统、价值主张、资源与能力等关键要素有机整合。要打造卓越的商业模式，引领企业迈向成功，企业需要紧紧抓住以下六个商业模式要素。

1. 明确而独特的市场定位

企业首先要清晰地找准自己在市场中的位置，即基于何种独特的价值理念，为哪一类特定的用户群体提供服务或产品。具体来说，企业要明白：自己是谁，自己的用户是谁，哪些用户很容易被忽略，又有哪些很容易关注但不是用户的群体。

定位不仅是企业战略方向的指引，还是构建商业模式的出发点，更决定企业的核心竞争力。

2. 高效协同的业务系统

业务系统是商业模式从理论到实践的关键环节。业务系统，通常包括企业内部如何分工协作；外部有哪些合作伙伴；是自己生产，还是选择代工；如何把产品顺利地送到用户那里；选择什么样的渠道让用户知道企业；下游合作伙伴是做分销、加盟、直营，还是其他的合作方式；如何直接拿到用户体验，以及售后服务渠道是否通畅等内容。

所谓业务系统，即构建一个内部各环节紧密配合、外部合作伙伴协同共进的业务流程，使供、产、销一路畅通，这样企业才能高效地将价值主张转化为实际的产品或服务。

比如，在物流渠道不完善时，京东构建自己的物流系统，通过为用户创造极致的体验而快速稳定市场份额；三只松鼠在营销维度上展现出较强的能力，因此选择了代工模式，而企业则专注于品牌建设、产品创新和营销推广，迅速吸引了大量用户。

企业应根据自身的优势和市场需求，选择适合自己的业务系统，通过构建差异化的竞争资源来赢得市场竞争优势。

3. 关键资源与能力

企业的关键资源与能力，是企业的核心竞争力。每个企业都要学会识别并整合那些对业务系统运行至关重要的资源与能力，即企业自身的产品是什么、有哪些差异化价值、有什么技术专利、有哪些专业人才、有什么品牌影响力。这些共同构建了企业的核心竞争力，确保企业能够持续创造价值。

4. 清晰且可持续的盈利能力

一个企业完善的商业模式，必然包含一套既符合市场需求又具备长期生命力的盈利策略，以确保企业在提供价值的同时，能够获得稳定增长的收益。

这就要求企业考虑产品怎么定价、服务如何收费、面对竞品应如何打造差异化、成本如何控制。

企业针对不同的用户群体，可以采取不同的收费策略。比如，所有电商应用上的搜索引擎对搜索用户都不收费，但搜索引擎在一定程度上可以决定产品或者服务的排名。搜索引擎通常使用复杂算法对结果进行排名，这些算法包括但不限于网页内容的相关性、质量、用户行为数据

（如点击率、停留时间），以及可能的付费推广等。其中，付费推广服务，就是搜索引擎优化（SEO，Search Engine Optimization）中的付费广告（如Google Ads谷歌产品），或搜索引擎营销（SEM，Search Engine Marketing）中的其他付费形式。想要做推广的企业，就可以通过付费来获得更高的曝光率和更靠前的排名位置。

5. 稳健的现金流结构

一个企业要打造稳健的商业模式，必须不断优化现金流管理，确保企业在日常运营和扩张过程中拥有充足的流动资金。企业健康的现金流结构，不但是企业应对市场变化的重要保障，而且是企业吸引外部投资的关键元素之一。

6. 企业长期发展的价值

企业长期发展的价值，是评判一个企业商业模式优劣性的重要标准，即企业不但要有赚钱能力，还要有投资价值。进一步说，企业长期发展的价值，即预期可以产生的自由现金流的贴现值。

商业模式的六大要素紧密相连，相互依赖。需要注意的是，不管多么优秀的商业模式，都有时效性。企业要灵活适应市场的变化，持续调整、优化其商业模式，以在激烈的竞争中立于不败之地。

传统商业护城河在坍塌，要淡化边界

一说到商业护城河坍塌，可能大多数人立刻就想到了诺基亚、柯达等曾经的商业巨头轰然崩塌的情形。实际上，如今即便风头正盛的新锐企业，也时刻处于变革的刀锋之下，面临未知的冲击。

案例回放

2023年，京东被从纳斯达克100指数中移除。当然，这并不能说明京东业绩不佳或者前景不好，但有了拼多多这个强劲的对手，京东的压力前所未有地大，并且，其在之前创立的商业护城河也需要不断重修。比如，京东原来的核心竞争优势就是物流快、品质好，如今抖音电商这些新兴平台在低价和流量方面的优势都超越了京东，因此京东不得不调整商业策略，向价格敏感型消费群体倾斜。

在复杂的商业环境里，许多叱咤风云的商业巨头都如履薄冰；曾经红极一时的内容平台，如某些社交媒体或视频网站，如今也在用户增长和内容创新上遭遇瓶颈；电商直播这一曾经的蓝海市场，其红利期也似乎接近尾声，各平台正努力寻找新的增长点。商业浪潮在快速前进，每一个曾经的领先者都可能转瞬成为追赶者。企业在原有的商业格局中筑起的壁垒，当面对高维度的商业时空时，往往难以构成新商业起点的门槛。

1. 传统商业护城河坍塌的原因

传统商业护城河之所以纷纷坍塌，无非是以下五方面的原因。

一是技术革新加速。互联网、大数据、人工智能（AI，Artificial Intelligence）等技术的飞速发展，为新兴商业模式提供了强大的技术支持，使得传统企业难以跟上新技术迭代的步伐。

二是用户需求多元化。随着人们生活水平的提高，用户对产品和服务的需求日益多元化、个性化，传统企业难以满足这种快速变化的需求。

三是市场竞争加剧。新兴企业的崛起和跨界竞争的加剧，使得传统企业面临前所未有的竞争压力，其市场份额被不断蚕食。

四是信息透明化。随着互联网的普及和技术的进步，信息获取变得异常便捷和低成本。这一趋势使得商业活动更加透明，商业模式不断翻新，用户能够更容易地比较产品、服务、价格，并且用户的需求在不断提升，使得企业不得不提高自身的竞争力。同时，信息透明化也要求企业更加注重诚信经营，维护良好的品牌形象，像简单的品牌溢价等传统的商业护城河逐渐失去效力。

五是全民皆商。在数字化时代，互联网降低了个人创业的门槛，使得越来越多的人参与到商业活动中来。这种"全民皆商"的现象不仅丰富了商业生态，还增加了市场的复杂性和不确定性。企业需要学会与各种不同类型的参与者合作与竞争，共同推动商业的发展。

2. 应对传统商业护城河坍塌的策略

传统商业护城河既然已经在坍塌，那么我们就必须有迎新的准备。迎新之道，其核心在于两方面的努力：一是从外向内地广泛吸纳，汲取外界的智慧与灵感；二是从内向外地勇于拓展边界，从探索中淡化边界。淡化边界，意味着没有边界，意味着不固化，意味着能推陈出新。那么，具体该怎么淡化边界呢？

（1）淡化组织边界。企业应打破内部壁垒，促进跨部门、跨职能的沟通与协作，形成更加灵活和高效的组织结构；同时，通过引入外部专家、合作伙伴等资源，不断吸取外部力量，提升企业的创新能力和市场竞争力。

很多企业推出了共创平台的商业模式，即淡化组织边界，让更多的人才参与其中。共创平台为企业提供了广泛的创新来源，企业可以接触更多元化的思维方式和创意想法，从而拓展商业边界。

在未来的商业环境中，共创平台有望成为推动企业持续发展的重要力量。

（2）淡化资源边界。淡化资源边界，意味着企业在运营过程中不再局限于传统意义上资源的获取和利用方式，而是采取更加开放和灵活的策略，积极寻找和整合来自不同渠道、不同领域的资源。

如今，越来越多的企业使用异业联盟①这种模式，它其实也是一种淡化资源边界的方法。另外，积极吸引融资，也是淡化传统资源依赖的边界，拓宽资源获取渠道的重要体现。

（3）淡化供需边界。在数字化时代，供应和需求的关系变得更加灵活和动态。供应者可以通过数据分析、预测市场需求等方式提前布局，而需求者也可以通过平台反馈、定制化服务等方式参与到供需过程中。企业应积极探索供需互动的新模式，以实现供需双方的高效匹配和共赢。

（4）淡化产业边界。随着技术的融合和市场的变化，传统的产业边界正在变得模糊。比如，一家传统书店通过引入咖啡吧与数字化阅读体验区，进行跨界融合后，成了文化休闲综合体，从而吸引更多年轻用户。企业应敢于跨界创新，将不同产业的元素进行融合和重组，创造出全新的商

---

① 将原本各自为营的利益相关方整合到一个共享平台上，利用这一平台提供的资源，促进各自数字化转型与成长。

业模式和产品形态。同时，企业也要关注新兴产业的发展趋势，及时调整自身的战略方向。

（5）淡化数据边界。在数字化时代，数据已成为企业最宝贵的资产之一。然而，传统的数据管理方式往往局限于企业内部或特定行业之间，很容易成为数据孤岛。企业若能打破壁垒，就可以促进数据的跨组织、跨行业、跨国界的自由流动和共享。这就是说，企业可以通过开放API接口、建立数据交易平台、参与数据联盟等方式，高效地获取和利用外部数据资源，为产品创新、市场洞察、用户服务等提供有力的支持。这样做还有助于推动数据治理的规范化和标准化，提高数据的质量和安全性。

无界就是无限。在变革的时代，企业以淡化边界的方法来构建商业模式，从高维商业时空重构商业护城河，就能解锁全新增长点，激发自身无限潜能，从而引领行业风向标，创造辉煌的未来。

迭代：一切模式都是暂时模式

流行永远活在当下，爆品通常无法永恒。

这是为什么？因为刚需不会成为流行，爆品满足的通常都是某个时期人们某种特定的需求。一旦人们的需求发生改变，爆品立刻就成了过时的物品。所以，迭代就成了企业在当下商业环境中必须做的功课。产品如此，商业模式也是如此，企业需要根据市场反馈、技术发展和内部能力等因素，对商业模式进行持续调整，完成迭代与升级。

目前，市场上有很多维度的迭代模式，每一种迭代模式都意味着对原有商业模式的重新审视和升级，使之更加贴近市场需求，且更加高效、灵活。

1. 商业要素迭代

商业核心要素的转变，反映了商业逻辑的根本性变化。在传统商业行为中，地段是决定成功与否的核心因素；在互联网时代，流量成了新的商业核心要素。企业通过各种手段吸引粉丝关注，提高用户访问量、增加曝光率，打通企业与用户的情感联结，通过打造粉丝社群，为用户提供个性化的服务等方式，建立稳固的用户基础。

这一转变不仅彰显了商业逻辑的深度重构，还直接催生了新的商业模式——如社群电商、团购等，这些商业模式围绕流量展开。企业通过精准定位和深度互动，实现了用户价值的最大化挖掘与变现。

2. 产业结构迭代

产业结构迭代是商业世界最直观的变革之一。从传统产业到互联网的兴起，再到智能科技的迅猛发展，每一次飞跃都带来了生产力的巨大提升和产业格局的重塑。互联网打破了地域限制，让信息更加高效地流通；而智能科技进一步推动了自动化、智能化的进程，为产业发展注入了新的活力。

产业结构迭代不仅深刻改变了生产力的面貌和产业格局，还引领商业模式的创新与变革。随着互联网与智能科技的深度融合，数据驱动决策、平台化运营等新型商业模式应运而生，为企业带来了前所未有的机遇和活力。

3. 生产模式迭代

在传统商业模式中，企业遵循"先生产再消费"的模式，通过预测市场需求来安排生产计划。如今，随着用户主权时代的到来，这一模式逐渐被"先消费再生产"的定制化、个性化生产取代。

以洗发水为例，以前是品牌通过统一的广告模式，将概念植入用户心里，如去屑、清爽等，用户喜欢哪一种，认为哪一种适合自己，就选哪一种。如今是"用户逻辑"时代，品牌需要通过社交网络与用户先建立联结，然后根据他们的喜好和需求，找出代表性的群类特征，再生产相应产品，比如，专门给学生党用的控油清爽类，专门给熬夜人用的防脱育发类。

企业越来越注重与用户的互动，通过大数据、人工智能等技术手段，精准地把握用户需求，实现按需生产、快速响应。

案例回放

随着电视剧《长安十二时辰》的爆火，西安文旅部门迅速推出以此为主题的公园，游客置身其中，可以逛街购物，可以观看表演，沉浸在现代与古代融合的文化氛围中，穿梭于线上影片剧情记忆和线下场景中，超越了简单的物质享受，大幅提高了游客的体验感。

促使这些变化发生的，主要是当代的年轻用户。因此，消费还有一个维度的迭代，那就是年轻化。年轻一代成为消费主力军，他们追求个性化、注重情感体验与情感共鸣，促使品牌与产品不断创新，以更加年轻化、时尚化的姿态迎合这一趋势，从而满足年轻用户的独特需求与喜好。比如，脱口秀、新喜剧这些新商业业态的兴起，都是因大量年轻人积极参与其中而形成的。

4. 营销宣传迭代

进入互联网时代，随着技术的突破，可以更精准地投放营销内容。当更多的用户都聚集到内容平台后，平台内容就成了营销宣传的载体，这时候KOL（Key Opinion Leader，关键意见领袖）等就承担着营销宣传的角色。在此之后的广告业越来越注重品牌文化，好的产品本身自带宣传作用，能吸引粉丝主动进行传播，使粉丝成了品牌的推广者。

像前面提到的"长安十二时辰"主题公园，本身就是一种自带传播能力的产品，用户来游玩，会录视频，会发朋友圈，也就推动了主题公园的宣传。

5. 盈利模式迭代

盈利模式迭代可以促进商业模式的创新。从最初的产品盈利，即通过销售产品获取利润，到产品衍生盈利，即通过提供增值服务等方式增加收入来源，再到免费增值商业模式的出现，企业不断探索新的盈利途径。

案例回放

很多知识付费类项目，一开始都会推出高质量的免费课程，让用户看后产生极大的获得感，紧接着就会推出付费课程。因为用户对免费课程的印象深刻，就会顺势主动付费，选择购买更多课程内容。

免费增值商业模式，旨在通过提供基础服务吸引用户，再通过增值服务、广告收入、数据变现等方式实现盈利，如今已经成了互联网时代的一大特色。

6. 组织迭代

企业形态的进化则体现了组织结构的深刻变革。传统企业以公司和员工为核心，通过层级管理实现资源配置和业务运作。然而，在数字经济时代，平台化和个人化成了新的趋势。企业开始搭建开放、共享的平台，吸引更多外部资源参与进来；同时，个体创业者和自由职业者的崛起，也让个人价值得到了前所未有的释放。企业不再是简单的雇佣关系集合体，而成了一个汇聚多元力量、共同创造价值的生态系统。

我们必须认识到，所有商业模式都是暂时的，会随着环境、需求和技术的发展而不断演变。我们需要通过不断的试错、反馈与优化，确保企业自身的商业策略、产品或服务能够与时俱进，从而满足不断变化的市场需求。

第2章

模式演进：洞察商业
形态迭代法则

　　许多人认为，新科技是推动商业模式演进的主要动力。实际上，新科技主要是为了更好地满足新消费需求而服务的。所以，我们应当聚焦用户，根据用户的心理变化和生活形态的转变，结合新技术敏锐地捕捉商业演进新趋势，从而实现新的超越。

没有互动娱乐精神，就难以做好商业模式

当今，主力消费群体被冠以"Z世代"的称号，被称为新消费群体。他们成长于物质条件相对丰富的时代，又是互联网"原住民"，追求享受，热爱玩乐，具有娱乐精神，同时思维活跃，极具创意。

这种主题消费需求的变化，不仅左右了产品的特点，还影响了品牌的营销模式。

案例回放

杜蕾斯是全球知名的两性健康品牌。在中国市场，凭借着"爱玩会闹"的人设一度出圈。小米为突出新笔记本轻薄的特色，用了一个文案"比一分钱硬币还要薄"。杜蕾斯见状，马上在微博发了海报，并附上文案："just比薄。"这样既凸显了自己的特色，又用双关语幽默了一把，很快掀起了一波营销热潮。

杜蕾斯的营销之道，就是把趣味性发挥到极致，自然获得了用户的追捧。它的成功，促使其他品牌不断升级营销策略，不再着重刻画产品的功能特色，而是向着怎么使用户高兴而努力。而且，新一代用户还会反过来逗品牌玩。

比如，有的用户将某款电子阅读器当成泡面盖子，还拍照上传至某社交平台并被大量转发。这款阅读器的官方知道后，没有进行公关营销，

而是开启了自黑模式，在社交平台上打出了"盖Kindle，面更香！"广告语。这一波营销自然赢得了用户的好感。

新一代用户已经掌握了消费的主动权，他们更加青睐那些能够为他们提供良好体验感和参与感的品牌。因此，具备互动娱乐精神的品牌能够迅速赢得他们的喜爱。

近年来，新兴的商业模式基本具有互动娱乐的元素。

1. 场景体验式模式

场景体验式模式是指通过模拟真实或虚构的场景，让用户在特定环境中体验产品或服务，从而获得深刻感受和认知的商业模式。这种模式让用户通过身临其境的体验来增强对品牌的认知和情感联结。

最典型的有体验馆、主题乐园、文旅活动等，通过引入互动娱乐元素，如现场表演、游戏互动等，为用户打造沉浸式的购物、娱乐环境，大幅提升用户的满意度。

2. 即时互动模式

即时互动模式是指通过直接与用户进行互动来推动产品销售，或者互动本身就被设计为一种产品形式，以吸引和满足用户的需求。比如，直播卖货，就是通过网络直播平台，主播与观众进行实时互动，分享内容、解答疑问、引导消费等。

当前是新兴商业形态蓬勃发展的时期，大多数新出现的商业形态都带有互动娱乐的基因，比如，有些线下脱口秀专门设有互动专场，演员和观众的即时交流就是他们销售的产品。这种模式也非常受用户的欢迎。其他商业形态如果加入即时互动元素，也容易吸引用户。

3. 用户参与模式

用户参与模式是指用户参与企业的内容生产、产品设计或资源提供，如小米的MIUI系统，就鼓励用户参与到系统的开发和优化中，品牌通过用户反馈不断完善产品。对上一代的用户来说，用着好时口口相传就已经拉长了消费链路；对"Z世代"的用户来说，能积极参与到产品研发的每个环节才是有意思的。

从企业的运营流程来看，从原材料采购、生产制造到销售服务的每一个环节，用户可以参与其中的很多环节。这种用户深度参与不仅丰富了消费体验，还催生出了一系列创新的商业模式。比如，共创模式、代销模式、社群模式、反向定制模式等。

4. 融合娱乐元素模式

融合娱乐元素模式是指将音乐、影视剧等娱乐元素融入其他商业运营中。

比如，草莓音乐节、迷笛音乐节等，通过邀请国内外知名乐队和歌手进行演出，吸引游客到某地参观和体验，同时推动当地旅游业的发展。

再如，蜜雪冰城那首魔性十足的"你爱我，我爱你，蜜雪冰城甜蜜蜜"广告曲，也成了蜜雪冰城吸引用户的利器。

5. 盲盒经济模式

盲盒经济模式是指用户随机购买某类产品，且无法预知产品的具体款式、功能或玩法。这种销售模式因其随机性和不确定性而激发了用户的购买欲望和好奇心。

案例回放

潮流文化娱乐公司泡泡玛特，主销潮流玩具，它将产品包装成盲盒的形式，使用户只能随机购买。由于其产品线非常丰富，再加上盲盒经济的效应，泡泡玛特一经面世就受到国内外用户的青睐。泡泡玛特还通过社交平台和线下活动等方式，使年轻人自由地分享自己的收藏和创作，与其他手办爱好者交流互动。

像泡泡玛特这种充满活力和潜力的新兴经济现象，满足了用户的好奇心和个性化需求，同时也为企业带来了可观的经济效益。

6. 融合游戏元素模式

融合游戏元素模式可以是与火爆的游戏合作共创，如很多品牌都和《王者荣耀》联合推出过产品或营销；也可以是打造具有游戏性质的产品，如剧本杀、定制剧等。

剧本杀原本是一种新兴的娱乐方式，玩家通过扮演剧本中的角色，与其他玩家进行互动和推理，共同解开谜团。很多品牌甚至专门制作剧本杀专题，将品牌元素融入剧本中，以提升品牌知名度和用户参与度。

定制剧也是一种新兴的游戏模式，玩家可以直接以第一视角参与到剧情中。比如，玩家可以参与到宫斗剧游戏中，通过在关键情节处做选择的方式，试试自己是否能通关。

新的商业元素不断涌现，新的商业模式也层出不穷，尽管这里无法一一列举，但万变不离其宗，无论如何变化，其基本原则都不变。企业只要把握商业模式演变的本质，并紧密结合市场趋势与用户需求，就能打造出更具盈利价值的商业模式。

技术打底，关系突围：企业竞争的下一个战场

科技是当前商业社会变革的重要驱动力，因此，以科技为主导的技术平台模式一度被认为是新商业模式的楷模。

所谓技术平台模式，是指通过构建一种基于技术的平台，来联结不同的用户或服务，从而实现价值的交换和传递。这种模式在当下的数字经济时代尤为盛行，它利用互联网、大数据、云计算等先进技术，联结了商家与用户，为用户提供了前所未有的便捷性和互动性。

技术平台模式出现后大幅降低了消费市场中各方寻找交易伙伴的成本，为用户提供了更高效的虚拟交易环境，从而促进了商业的繁荣。然而，技术平台模式虽能够提供基础框架和工具，但真正让平台焕发活力的，是那些隐藏在背后的关系资源。

阿里巴巴集团作为互联网行业的资深巨头，凭借其强大的技术平台筑起了高不可攀的竞争壁垒。然而，拼多多却以关系网络的模式，成功打破了这一僵局，实现了市场的突破。

尽管技术平台模式在商业变革中发挥了重要作用，但越来越多的企业发现，关系资源才是超越单纯技术力量的关键。在技术趋同的背景下，关系资源作为一种独特的软性资产，成了企业脱颖而出的核心竞争优势。

关系资源作为一种特殊且重要的资源类型，基于企业与顾客、雇员、供应商、中间商、股东及其合作者、相关者之间关系形成的资产，具有独特的价值。这种价值不仅体现在这些成员与企业保持商业往来及合作的可

能性上，还在于其能在顾客价值创造中发挥关键作用。

关系资源的价值之所以能超越技术平台模式，主要有以下四方面的原因。

1. 关系资源强调情感联结

关系资源以用户为中心，强调企业的核心应围绕用户的需求和体验，而关系资源正是联结企业与用户情感的纽带。通过深入了解用户的喜好、习惯以及潜在需求，企业能够精准定位，为用户提供定制化服务，从而提高用户的品牌忠诚度。这一点是技术平台难以替代关系资源的原因。

技术确实能让企业保持先进性，通过不断迭代升级，提升服务效率与质量。平台化运作则能让企业打造一个包含多方参与者的生态环境，促进资源的高效配置与价值共创。然而，这些优势往往基于外在框架与工具的搭建，缺乏内在的情感联结与长期承诺。相比之下，关系资源则是企业最宝贵的固定资产，它基于信任、尊重与共赢的原则，是企业在激烈市场竞争中立于不败之地的核心，也是实现可持续发展的关键动力。

2. 关系资源更强调互动、多方共赢

关系资源的价值不仅仅局限于企业与用户之间，它更是一个多维度、全方位的网络，涵盖企业与顾客、雇员、供应商、中间商、股东及其所有合作者和相关者之间的联系。这些复杂而微妙的联系共同构成了企业的社会资本，为企业带来了独特的竞争优势。

这么庞大的关系网络，自然需要借助技术力量来实现，但更需要运营维护。关系网络中每个节点都能自如地与他人进行互动，以便加深彼此之间的了解和信任，从而实现共赢的局面。因此，互动、共赢就成了关系资源的能量活水。

现在流行的链式商圈，就是关系资源在实际商业运营中的具体体现。

以一条商业街为例，多家商家通过相互合作，共同举办促销活动、共享用户资源，形成了一个关联紧密的商业网络。在这个网络中，每个商家都能从其他商家的用户中获取新顾客，实现共赢。这种运营模式不仅提高了商家的销售额和知名度，还促进了整条商业街的繁荣和发展。

3. 能快速响应市场

关系资源的信息传递快，因此使身处网络中任何一个节点的企业都能够更快地响应市场变化。通过与合作伙伴和用户之间紧密合作和沟通，企业能够及时了解市场需求和竞争态势，快速地做出准确的决策，从而使企业在市场竞争中占据先机。

4. 降低交易成本

关系资源能为企业带来稳定的用户群体，从而降低交易成本。通过构建稳固的用户关系网络，企业能够减少寻找新用户和维系用户关系的成本。同时，关系资源还能促进信息的快速传递和反馈，使企业能够更有效地管理用户关系，提高用户满意度和忠诚度。

企业需要通过建立稳定、互信的合作关系、积极参与社会公益活动以及注重创新和研发等方式来积蓄关系资源。同时，企业还需要注重与周边利益组织的关系建设，通过合作与共赢的方式，实现资源的共享和价值的最大化。只有这样，企业才能在未来的市场竞争中占据有利地位，实现持续、稳健的发展。

内容原创不是造势，而是顺势而为

在信息爆炸、全民热衷表达的时代，内容的功能日益多样化，开始承担多重角色。比如，内容可以是种草营销，可以是付费知识，还可以是娱乐消遣、教育启迪或社会评论，甚至还可以是用户与企业的互动话题等，其商业价值也因此得到了显著提升。

既然"内容时代"已经来临，那么内容驱动的商业模式自然成了企业的追求。具体来说，内容作为联结用户与产品或服务的桥梁，其质量、形式和传播方式直接决定了商业模式能否成功。

一方面，高质量的内容能够吸引和留住用户，提升用户黏性，从而为企业创造更多的商业机会。比如，通过内容营销，企业可以精准地定位目标用户，传递产品或服务的独特价值，引导用户产生购买行为。另一方面，随着内容形式的不断创新和多样化，如短视频、直播、虚拟现实（VR，Virtual Reality）形式等，商业模式也在不断演进和升级。这些新兴的内容形式为企业提供了更多的营销手段和创新空间，能帮助企业更好地适应市场变化，实现可持续发展。

尽管内容的重要性不言而喻，但当前内容同质化严重泛滥。因为原创不易，既浪费时间又浪费脑力，还无法预判效果。有些创作者宁可选择走捷径，即仿照他人成功的形式，也不愿意打造个性化的原创内容，提升用户黏性。但是，模仿不仅缺乏新意，还很难触动人心，难以使用户产生持续阅读的欲望。就算只是一个简单的购物评论，一段真实的原创评论，其效果也强于复制与粘贴的同质化内容。

在信息过载的今天，用户的耐心和注意力都是有限的，企业如果不能输出质量上乘的原创作品，就很容易被大量的信息淹没，被粉丝厌弃。

其实，很多人过分夸大了原创的难度，错误地认为原创就是完全从零开始，另造"山河"，还得有独特的角度。创新除了从零创造，也可以是在前人基础上发展起来的，中国古代每朝的官员制度不一定是彻底颠覆，也可能是在前朝基础上发展起来的。比如，"三公九卿制"这种官制框架始于秦朝，历经两汉、三国、两晋、南北朝，虽然每个朝代都有创新，但大框架一直沿袭了800年之久。原创内容也是如此，不需要将一切都推倒重来，只要顺势而为地重构即可。

有句话说：日光之下并无新事。比如，当代国际上流行的"以人为本"的管理理念，早在我国西周时期就有了。这样的事例比比皆是。

再比如，现在职场上流行的PDCA①工作法，强调每一项工作都需要四个步骤，并进一步改进，形成持续改进和循环提升的工作流程。其实，在古代中国很多哲学思想都有类似的理念。《周易》中的"穷则变，变则通，通则久"，就强调依据事物的变化而修正和发展。

古语道："君子谋时而动，顺势而为。"原创就是顺势而为。这里的势，是商业势头的势，通常指的是能触动人心的认知、价值观等，即在精神层面说出人们的心声，或者给予人们力量与希望，抑或让人们产生愉悦的感受。当社会的意识形态定格后，基于此的内容创作就是顺势而为。

---

① PDCA，即Plan（计划）、Do（执行）、Check（检查）和Action（处理）四个单词首字母的缩写。

最好的创作就是循迹需求，锚定已经被普遍认可的社会意识形态，在此基础上进行创新创作，就能被认可，并且能够获得大量粉丝。

总的来说，原创之道，不需要凭空再造，只需要多逛一些社交平台，捕捉大众的情感倾向。创作的高光时刻，其实就是表达出大众的心声。

好产品能让用户与之共情

优质的产品，不应仅仅局限于提升基础功能，还应致力于与用户建立直接的情感联结，替用户表达。也就是说，好产品会说话，即产品不只是消费品，更是传播者。

比如，江小白酒当初之所以能成功出圈，主要就是靠触动人心的文案。"价格不坑爹，品质不打折，我是江小白，小酒中的战斗机！""走过一些弯路，也好过原地踏步。"

这里的每一句话都很有感染力，赋予江小白酒以人格特征，在潜移默化中完成了与用户的情感互动，并激发用户接过传播的接力棒，继续将产品价值传递给更多用户。

当然，当我们说"产品会说话"时，并不仅仅局限于直接用文案或语言来表达，它还包括很多种表达方式。

1. 新奇的功能

一般来说，新科技产品因为融入了先进的技术，通常都具备较强的吸引力，能和用户共情。

比如，某款智能手机搭载了全新的AI摄影技术，能够自动识别并优化拍摄场景，使每一张照片都如同专业摄影师的摄影作品一般。这种新奇功能对喜欢自拍的用户具有较强的吸引力。很多拿到该产品的用户便会在社交平台传播其功能。再如，某款新能源汽车引入自动驾驶技术和智能互联功能，通过智能互联系统，与用户的手机、智能家居等设备无缝建立联结，这样就能吸引众多用户的目光，同时也会有大量用户主动宣传该产品。

通常来说，新产品发布会为产品提供了一个直接表达自身的机会。在发布盛会上，产品不仅能够充分展示其技术实力，更重要的是，通过现场的实际演示和用户的深入体验，产品能够与用户之间建立深厚的情感联结。因此，好的产品发布会将助力产品的表达。

2. 独特的设计

好的产品不仅具备美观的外观设计和舒适的使用体验，还能通过独特的设计元素和风格，与用户的审美和情感产生共鸣。即使产品没有经过宣传，首次与用户谋面，往往也能吸引用户购买。

为此，企业在着手设计产品之前，都要进行市场分析和竞品分析。这么做，一是了解用户给市场的反馈结果，二是在流行趋势上做差异化创新，从而明确设计方向，打造出能使用户共情的好产品。

在全球化的大背景下，文化传播成为产品的重要维度之一。好产品不仅具备国际化的设计风格和品质标准，还能融入当地文化元素和故事，从而与用户建立更加紧密的情感联结。

还有些企业通过有话题度的产品设计，吸引用户主动讨论和分享产品，形成口碑效应，进而实现价值的共创和共享。

案例回放

2024年，饮料品牌Liquid Death与Yeti联合推出了"棺材冰柜"。产品如其名，具有棺材的形状，就连广告语也以极具恐怖气息的"murder"开头，不过可不是为了制造惊悚的，只是借用了该词的双重意义——"murder your thirst（畅饮解渴）"。产品使用了三重泡沫冷电池技术，可以使饮品保持更长时间的冰爽口感。

以上案例中，Liquid Death 与 Yeti 离经叛道的设计，最终赢得了很多年轻人的喜爱，吸引了大量围观。

3. 有话题热度

当某款产品或服务与当前社会热点、流行文化或独特理念相契合时，它便能迅速地吸引大量关注，形成口碑传播效应。

以影视剧或电影为例，如果某部作品融合了神秘、悬疑或热门社会议题等元素，与当前观众的兴趣点高度匹配，那么这部作品就很容易成为话题中心，吸引大量观众及时收看或买票观影。

在互联网时代，自带宣传话题的产品已经成了一种商业趋势，它不仅大幅降低了企业的营销成本，提高了品牌的知名度和美誉度，还为企业商业模式的创新提供了动力和支持。

如今，市场上流行的异业联盟商业模式，其实就是希望通过对方的高话题热度或者双方联合后产生的高话题度来提高自己的品牌关注度。

近年来，随着文创产业的蓬勃发展，越来越多的品牌通过跨界合作，将传统文化与现代元素巧妙地进行融合，创造出既有文化底蕴又有高话题度的新产品，从而成功地吸引了大量用户的目光，提升了品牌的知名度和影响力。比如，李宁与敦煌博物馆携手，完美日记则与《中国国家地理》杂志合作，一些势头很胜的新兴汉服品牌也选择与故宫博物院强强联合。这些商业模式都是在为产品打造话题度。

一款真正的好产品，其核心竞争力不仅在于技术创新或功能完善，更在于能否触动用户的内心，与之建立深厚的情感联结。从商业模式的角度看，共情能力强的产品，往往能为企业带来更稳定且持久的现金流，为商业模式的可持续发展奠定坚实的基础。它促使企业从单纯的产品销售转向情感价值的传递，从而探索出更多元化的盈利路径，如会员订阅、情感营销、社群运营等。在这个过程中，企业不再仅仅是产品提供者，而是成了用户情感需求的满足者和生活方式的倡导者。

因此，好产品不仅是技术的结晶，还是情感的共鸣体。它能让商业模式不再是冷冰冰的赚钱机器，而是充满了温度与活力，能够在激烈的市场竞争中脱颖而出，并且具有强劲的发展势头。

一个人也能玩转的商业形态

在传统的时代，商业行为赚钱的逻辑往往被局限在实体产品的销售上，企业需要花费大量的精力在产品制造、库存管理和销售渠道的建设上。然而，随着互联网的飞速发展，特别是短视频和直播的兴起，一个人只要有创意、有热情、懂得利用互联网工具，就能玩转独特的商业形态。

一个人只要拥有可以分享的独特价值，找到一个合适的平台作为支撑，并精心做好自己的内容设计与创作，就可以通过自媒体开启自己的创业梦了。这是最简单的一个人也能玩转的商业模式。

案例回放

Kris是一名知识博主，分享自己多年来通过阅读、实践（包括自己学习和教育孩子）总结积累出来的学习方法。在微博，他主要进行内容宣传；在知乎，他以文本的形式深度阐述，同时将这些内容转发到朋友圈；在抖音，他采用PPT和动画结合的方式，将复杂的学习方法转化为生动有趣的内容；在小红书，他则以家长的口吻，具体说明自己或者孩子使用某种学习方法的案例。

他的粉丝群体主要有两类：一是考研群体，二是家长。粉丝多起来后，他就建立社群。但是，这样工作量就会变大，如果分散精力在多个平台，就会影响他的内容质量。于是，他最终选择将重心放在微博和抖音，打造了一套高效且针对性强的内容输出策略。

以往，创办企业需要经历复杂的流程，需要招聘人才、选购生产原材料、寻找合作伙伴等，需要依赖广告和公关等手段来构建品牌形象，需要构建经销渠道，这一过程往往需要巨额的资金投入及长时间的积累。

如今，得益于丰富的平台资源和便捷的沟通方式，消费对象可以是内容，消费方式可以是所见即所得，一个人只需要在某一领域具有独到的见解或技能，就能够吸引大量的关注和粉丝，进而实现个人品牌的塑造，并最终成功变现。

这种模式给了那些喜欢自由、想在主业以外再拥有一份收入的"斜杠青年"提供了财富自由的渠道，也为商业的蓬勃发展、商业模式的不断创新与演进提供了强大且多元的动力源泉。

1. 内容是未来一人商业模式的核心动力

在当前的商业环境中，内容已成为联结用户与品牌的桥梁。对一人商业模式而言，提供有价值的内容，不仅是吸引粉丝的关键，还是构建可持续商业模式的基石。需要注意的是，热门话题和引人发笑的段子或许能迅速吸引用户的眼球，但真正能够留住用户并将其转化为忠实用户的，是那些具有深度、实用性和独特见解的内容。因此，在一人商业模式中，必须深耕内容，才能为后续的商业化运作奠定坚实的基础。

2. 打造差异化的竞争优势

一个人输出的内容，无论是文字、图片、视频，还是其他形式，都承载着具体的价值观。这些内容在传播过程中将逐渐在受众心中形成对这个人的特定印象和认知，从而塑造了他的个人品牌形象。

因此，在一人商业模式中，哪怕内容很小众，也不能从众。比如，一个在自媒体平台上做小众音乐的人，一样可以获得大量粉丝。即使内容属于比较大众化的，也不要从众。比如，防病防灾小常识是内容平台上一个比较大众的话题，但有的人从医生的专业角度来分析，有的人则用家乡常用的土方法来描述，这两种内容就很独特，也都能有效地塑造个人品牌。这些独特的内容模式将会影响最终的商业模式。

3. 探索多元商业模式

不同的平台、不同的粉丝需求，具有不同的盈利模式。一人商业模式，必须减少对流量的依赖，需要不断探索新的盈利模式，除了品牌代言，还可以关注产品开发、与电商平台合作等。多元的商业模式，不仅能更好地满足粉丝的需求，还能实现个人商业的可持续发展。

4. 科技为一人商业模式赋能

科技是一人商业模式发展的重要赋能工具。随着技术的不断进步，一人商业模式可以利用各种科技手段来提升运营效率、优化用户体验、拓展市场渠道。比如，通过大数据分析用户行为，一人商业模式可以更精准地定位目标用户群体，制定个性化的营销策略；利用人工智能和机器学习技术，可以自动化处理烦琐的业务流程，提高工作效率；而社交媒体和电子商务平台的兴起，则为个人商业提供了更广阔的市场和更多的销售机会。

一千种个人商业可能会孕育出一万种创新。未来，一人商业模式的发展空间将持续扩大，这不仅为创业者提供了广阔的舞台，还为商业模式的不断演进带来了新的思考和启示。

全民创业时代，每个人都可以火力全开，未来将不可预想。

第3章
顶层设计：深谙商业逻辑才能战略升维

顶层设计过程，作为一个从高到低、从全局到细节的全方位规划过程，是企业商业模式构建的核心。它不仅仅关乎企业的战略方向，更涉及企业资源的优化配置、关键要素的精准识别、持续盈利策略的制定及运营流程的不断优化等层面。

拥有战略势能，要做取势者

创始人是商业模式顶层设计中的灵魂。那么，什么样的创始人能在复杂多变的商业环境中引领企业屹立不倒呢？创始人最基本的特质，是具备大格局、眼光独到、善于借势。

从借势能力角度出发，创业者可以分为四类：黄牛、金猪、猎豹和雄鹰。

"黄牛"是指市场的耕耘者，这类创业者的最大价值就是勤奋努力，但往往难以适应激烈的变革，收获微薄。

"金猪"是指能幸运地站到风口上的那一批人，他们未必有远见卓识，甚至也没有经过深思熟虑的筹谋，但天降幸运，他们恰好站在了风口上，能快速获得丰厚的收益。只是，"金猪"如果没有战略眼光，最后凭幸运赚来的钱，又会因实力不济而亏掉。

"猎豹"是指喜欢趋势，善于捕捉市场风向、利用信息优势等手段获取收益的创业者。然而，"猎豹"通常倾向于投机，缺乏战略耐心，其成功往往依赖于市场趋势的波动和不确定性。一旦市场趋于平稳，这类人的收益空间便会显著缩小。

"雄鹰"是指那些洞察力敏锐、有大格局、善于取势的创业者。他们具备前瞻性的战略眼光和创新的思维方式，布局宏大，执行力强，能随时根据趋势变化而调整战略，能持续挖掘行业的痛点和机遇，通过技术创新、流程优化等手段，打造独特的竞争优势。这一类人不但能在激烈的市场竞争中脱颖而出，还能成为真正的行业引领者和利润王。

那么，该如何做才能成为拥有战略势能的取势者呢？

1. 精准洞察，把握趋势脉搏

随着科技的发展，商业领域的变革速度也日益加快，随之而来的是新消费人群消费心理的快速变化，这导致市场趋势变得更加难以准确地把握。

举一个例子，部分新一代用户会追求叛逆式消费。比如，大多数用户以平台的高评分作为消费指导，但过度营销导致评分过高未必会给用户带来好的体验，于是，叛逆式消费群体会专门选择低评分产品或者品牌，寻求不一样的体验。再如，法定节假日大家都奔向热门景区，叛逆式消费群体却专门选择小众、有文化特色、还没有被挖掘的地方旅游。

当然，这里还有一个重要的推动因素，即全民表达。随着大多数人拥有了自媒体账号，为了创作出新颖、独特的内容，他们往往会选择走差异化路线。这一趋势也促使叛逆式消费变得越来越普遍。

不管怎样，新消费群体表现出较强的创新能力，他们不甘于生存在数据算法营造的"信息茧房"中，希望不断通过叛逆式思维和行动来重新定义自我，打破原有的圈层。这实际上给创业者提供了新的思路。

要想做取势者，就要学会跟随用户，不能再使用用广告概念占领用户心智的商业模式，而应该关注并满足新用户的精神需求，这样才能打造对用户更有意义的品牌价值，从而在用户的引导下开拓新市场，构建新商业。

2. 选择优势赛道，开辟蓝海品类

商业世界充满机遇与挑战，企业还须精准定位自身在市场中的位置，选择具有发展潜力的优势赛道。

2025年的优势赛道涵盖了以下领域：人工智能与数据中心、新能源汽车智能化、半导体自主可控、端侧AI与算力需求、合成数据与高质量数据、银发经济与健康抗衰、绿色能源与可持续计算、全球化重构与企业出海、AI代理技术、口服减肥药市场等。这些赛道都具有广阔的发展前景和市场潜力，值得投资者和创业者深入关注和探索。

但不管是哪个优势赛道，都需要做精准定位。定位的目标是抢占用户心智，也就是在某个赛道同一品类中开辟一片蓝海。

以旅行为例，普通做法可能是聚焦景点开发，致力于提升产品的吸引力，而创新做法，是从用户需求出发，深刻洞察他们当下的生活痛点和需求，依此开辟蓝海。比如，很多人渴望摆脱电子产品的束缚，能享受一段短暂、安宁的生活，此时推出"沉默的旅行路线"，就很容易受用户的欢迎。再如，很多人喜欢说走就走的旅游，因此这几年"3小时旅游圈"火爆一时。

再以住宿为例，酒店宾馆赛道虽早已是红海一片，但依然有人能够挖掘出新的市场需求。比如，传统的住宿业服务的都是远道而来的客人，难道本地人就没有需求吗？2024年欧洲杯期间，很多出行平台上的"看球房""影音房"火爆一时。这些专为球迷提供的房间，配备有电视或投影仪等视听设备，球迷下班后，就可以聚三五好友，开房看球。

在全民皆商的时代，找到不拥挤的赛道几乎成了一项不可能完成的任务。任何一个看似有优势的赛道一旦浮现，立刻就会吸引一群投资者的跟进。因此，选择赛道仅仅为企业提供了一个相对较好的起步平台，赋予企业一定的战略势能。然而，要想真正成为取势者，企业就必须学会时刻紧跟用户的步伐，不断挖掘潜在的蓝海市场。

3. 搭建关系网络，实现裂变式增长

在当前这个错综复杂的商业环境中，企业凭借单打独斗的策略已难以

立足。创始人必须具备迅速构建关系网络的能力，将运营链上的各个环节都视为自身人力资源的一部分。这涵盖了用户、供应商、渠道商、金融机构等环节。通过整合并有效地利用这些资源，企业可以降低运营成本、提升业务效率，并进一步拓展市场空间。

比如，太二酸菜鱼采用的"721合伙模式"等成功案例，为创业者提供了有益的借鉴。通过引入合伙人制度，创业者可以吸引更多优秀人才加入团队，共同推动企业的发展和成长。

拥有战略势能，仅仅代表了一时的优势地位。在日新月异的商业时代，真正的取势者只需要做跟随者、体察者和提炼者，即通过深刻理解用户的痛点，挖掘用户的潜在需求，把握趋势的发展方向，探索蓝海市场，与多方携手共创共赢。

产品、用户、营销，谁主增长

商业模式设计是一个复杂而细致的过程，它要求企业深入理解市场需求、用户行为和竞争态势，从而制订出符合自身实际情况的战略方案。

优秀的商业模式设计，往往具备两大显著特征。一是能够在资源组合时无限地放大企业的能量，并在运营过程中持续放大这种能量，二是具备高度的不可复制性，使得竞争对手难以模仿或超越。因此，企业在深入理解市场之前，要先弄清楚自己到底是谁，拥有哪些对手没有的产品、用户和营销方式。产品是企业与市场对话的载体；用户是企业价值的最终体现；营销方式，则是联结产品与用户的桥梁。

企业需敏锐洞察市场趋势，并结合自我分析，从产品、用户和营销这三个要素中识别出那些在初始阶段就拥有的丰富资源，且在成长过程中持续吸引和积累更多资源的要素。通过精准地围绕这些核心要素设计商业模式，企业就能够在激烈的市场竞争中稳固地占据优势地位，实现持续的快速发展，使自身处于领先地位。

1. 聚焦产品优越性

在产品层面，具有稀缺性、不可复制的产品，容易助力企业高筑壁垒，增强核心竞争力。比如，高科技产品。

案例回放

　　民间火箭企业星河动力，其兴起正值商业航天市场蓬勃发展的黄金时期，火箭赛道的需求日益增加。星河动力的创始人刘百奇，是一位在航天科技领域拥有深厚造诣和前瞻视野的领军人物。因此，星河动力自起步之初，其核心优势便聚焦于产品，并凭借在技术领域的深厚积累和创新突破，成功在行业站稳脚跟。

　　火箭研发需要的资金庞大，大多数民营企业都依赖雄厚的资本支持，但星河动力一开始的目标就是实现自我盈利，因此，刘百奇带领团队不断进行技术迭代和产品优化，快速完成盈利目标，避免了过度依赖融资的困境，走出了一条稳健而快速的发展道路。

　　并非所有企业都有星河动力这样的资金和技术实力。对大多数企业来说，可以思考如何将新闻媒体中出现的高端科技转化为普通用户随手就能用得上的生活用品。比如，为产品加上虚拟感应装置、加上智能预约功能等。

　　另外，为了高筑壁垒，企业要聚焦产品，集中资源聚焦于产品的研发、创新与质量提升，持续打造具有竞争力的核心产品，使企业能保持独特的市场优势。

　　比如，华为坚持每年将10%以上的销售收入用于研究与开发。2023年，华为研发费用投入为1647亿元人民币，占全年销售收入的23.4%。这巨额的资金投入，无疑为华为在多个关键技术领域取得突破和创新提供了强有力的支持。

　　很显然，大多数企业都无法做到这一点，因此，如果产品不具备超凡的竞争力，那就应该在用户、营销方面下功夫。

2. 挖掘用户资源的能量

一般来说，做自媒体的网红，娱乐圈、体育界明星都自带流量优势。他们如果开始创业，那么就要将战略重点放在用户这一核心要素上，充分利用自身的用户基础，构建独特的商业模式。

现在很多人就是先通过做自媒体积累原始用户，有了基础用户之后，再开始创业。虽然在自媒体时代，拥有了用户，就拥有了商业变现基础，但是要知道，粉丝是过去积累的，他们黏附的往往是过去时空的你，因此不要想当然地认为粉丝会直接接受你未来的所有动作。有些粉丝量巨大的明星去带货时之所以反响平平，就是这个原因。

所以，拥有用户资源之后，还要通过大数据分析，进行用户行为研究，构建精准的用户画像，深入了解用户的兴趣、需求和偏好。这样做有助于为用户提供更加个性化的产品和服务，增强用户的满意度和忠诚度。

另外，一些品牌经销商同样拥有庞大的用户群体。当初，社群模式兴起时，许多经销商就围绕用户群成功地构建了自身的第二增长曲线。

比如，有酒类经销商通过社群将用户会聚在一起，围绕用户需求，采用私人定制等创新模式，与供应商合作进行生产。有的经销商甚至凭借这种模式，逐步增强了自身的话语权和市场地位，最终成功渗透至供应商的领域，实现了从销售端到生产端的跨越。

这就是说，产品、用户和营销三要素不能单独作为企业的战略核心，三者是相互关联、相互促进的，共同构成了企业商业模式设计的核心框架。即使聚焦产品，企业也应以市场需求为导向；即使用户是资源优势，企业也要以用户为核心，打造他们需求的产品。

3. 营销优势与战略升级

新科技与新消费的蓬勃发展，不断推动着营销方式的升级与变革。所谓营销优势，其实就是能够融合新科技的力量，并深刻理解新消费群体的心理需求。企业即便在创业初期没有坚实的用户基础，但通过采用创新的营销模式，也能够迅速吸引并积累大量的用户。

案例回放

　　三只松鼠最早是一家电子商务公司，专注于坚果零食的销售。在电商平台如火如荼的时代，三只松鼠开展线上销售，并大胆创新了营销手段，如使用社交媒体平台和用户建立关系网络，结合刚刚兴起的短视频平台做销售，并通过快速配送和优质服务为用户创造了良好的体验。所以，它的初始能量是营销，并借助营销获得了庞大的用户群。

　　随着用户数量的快速增加、市场影响力的增强，三只松鼠意识到如果无法掌控产品质量，那么将会对品牌造成不小的打击。因此，三只松鼠开始打造从原料、制造到交付的全链路模式，不但做销售商，而且做采购商和制造商。

　　三只松鼠通过一系列战略调整，最终完成了产业链的全链路布局，从产品设计、生产、营销到售后的整个流程实现了高效协同，最终通过全方位的营销策略，为用户打造了一体化的购物体验。

　　不管企业拥有哪一项优势资源，最好的商业模式的设计，都需要拥有加法思维，让用户、产品、营销三要素协同作用，最终实现以用户为中心，以产品为基石，以营销为架构的战略蓝图。

定价权就是企业的核心竞争力

巴菲特十分看好一个企业的定价权。他和合伙人查理在研究一家企业的时候，特别看好的一点是，该企业拥有定价权，有提价的潜力。

定价权是指企业不受竞争市场的影响，而能对其产品或服务设定价格的能力。也就是说，品牌或者产品在市场上有不可替代性，企业即使不停溢价，也能够被市场接受，还不会大量流失用户。

1. 定价权的意义

拥有定价权的品牌，就是行业产品价格的指导者。拥有定价权的品牌，往往在用户心中拥有较高的地位，其产品通常被视为高品质的象征或具有独特的价值。在面临成本上升时，这类品牌有能力率先提价，而用户因对其品牌的信任与偏好，仍愿意支付更高的价格。

反之，没有定价权的品牌，哪怕市场份额较大，但在用户心中的信誉度不高，当它面临上游原材料价格上涨，品牌率先提价时，用户通常不会买单，其最具体的表现是，品牌的市场份额会锐减。拥有定价权的品牌不涨价，而同行业其他品牌涨价时，其他品牌这么做无异于自断生路。其他品牌只能通过降本增效来维持生计，或者另寻出路。这就是定价权的意义。

2. 商业变革下的定价权动态

但是，定价权并非一成不变，很少有品牌能够永远保持自身的定价权，尤其是在商业变革频发的今天，新的商业形态和模式层出不穷，使得相同的产品在不同的场景下拥有不同的价格空间。比如，同样是段子内容，通过社交媒体发布的文本段子与现场即时互动的段子，在价格上往往存在显著的差异。

在过往的商业演变历程中，很多原本发展势头良好，甚至红极一时的品牌忽然间就销声匿迹了。从定价权的角度来探究原因，一方面可能是它们未能深刻理解定价权的意义，草率涨价，从而损害了品牌形象和降低了市场份额；另一方面，也可能是它们缺乏变革思维，虽然曾经拥有定价权，但在面对新的商业模式时未能及时适应和调整，导致产品逐渐失去竞争力，继而失去了定价权。

因此，在商业变革的大背景下，品牌要想持续保持其定价权，就必须具备敏锐的洞察力和灵活的应变能力。品牌不仅要深入理解市场需求和用户心理，还要时刻关注行业动态和技术发展，以便在关键时刻做出正确的决策，确保自身能够在激烈的市场竞争中立于不败之地。

3. 如何拥有定价权

有些人认为，选择了高端市场的定位策略，专注于服务高端用户群体，就能拥有定价权。然而，实施这种策略绝非易事，它要求品牌不仅要有精准的细分市场与敏锐的用户需求洞察力，还需确保产品与服务能够真正满足高端市场的独特需求。

比如，有些品牌创立之初，就尝试高端化，但选择了大众生活品类，渠道遍布社区、商业区的店铺等，并没有聚焦于高端用户群落，因此用户将其标为"产品刺客"，进而使品牌形象大幅受损。

定价权并非指随意定价的自由，而是建立在品牌实力、用户认可度、市场竞争态势及供需关系等基础上的一种综合体现。

当然，有些赛道天然存在有利于形成定价权的因素。比如，中药、高端酒类、旅游景点等行业。中药之所以拥有定价权，部分原因在于其深厚的文化底蕴、独特的配方与制作工艺，以及用户对健康与养生需求的日益增长。

高端酒类市场则通过品牌历史、酿造工艺、限量发行等手段塑造品牌稀缺性与高端形象，满足了用户对品质生活与社交地位的追求。此外，高端酒类的收藏价值与情感寄托也为其高定价提供了支撑。

旅游景点的高定价权则往往基于其独特的自然景观、文化遗产、地理位置等因素。这些景点往往具有不可替代性，能够吸引国内外游客，满足人们探索未知、体验异域风情的需求。同时，旅游景点的开发与维护成本高昂，也为其高定价提供了一定的支撑。

然而，并非这些赛道的所有品牌都拥有定价权。品牌只有具备稀缺性资源、高附加价值产品、持续增长的消费需求，以及拥有强大的品牌影响力和市场地位，才可能拥有定价权。这些是品牌设计商业模式时要重点考虑的。简而言之，就是企业要寻找一些消费需求持续增长的品类，能够设计出在用户心中不断升值的产品，并通过产品营销、用户运营等策略，不断强化和扩大品牌影响力。

比如，选择游戏赛道，游戏装备的生产成本通常非常低，特别是考虑到随着销量的增加，其边际成本（指的是随着生产量增加，每增加一个单位产品带来的总成本增加量趋于减少）会进一步降低，因为电子装备可以被无限复制，无须额外的实体材料成本。因此，只要游戏足够受欢迎，即使游戏装备的价格不断上涨，用户仍然会热情购买。

企业无论处在哪个赛道，做什么样的产品，强化和扩大品牌影响力都是至关重要的，但这一过程的核心要以用户的需求为导向。也就是说，品牌的价值最终体现在能否满足用户的期望和需求上，而不仅仅是产品价格的高低。

如今，许多品牌都不敢轻易做高价产品，康师傅却逆势而动。2024年8月，康师傅推出小龙虾拌面，定价在15～20元。尽管价格相对较高，但该产品一经上市便迅速卖断货。其成功的根本原因还是满足了用户的需求。

总的来说，定价权并非品牌单方面决定的，而是由用户在市场中通过购买行为来决定的。品牌在用户心中的信誉和口碑，才是决定品牌定价权的关键。因此，品牌在创立之初就要以满足用户需求为目标，并能持续为用户提供高质量的产品和服务，才能在激烈的市场竞争中赢得用户的信任和忠诚，从而掌握定价的主动权。

用"新五感协同"升级品牌

随着消费趋势的快速更迭，很多品牌曾经"一招鲜吃遍天"的策略已经失灵了。品牌从创立之初就要具备亲近用户的形象和能力，能在用户活跃的各种内容平台上流动，通过"五感协同"策略与用户互动，提升品牌影响力。

在商业模式顶层设计中，"五感协同"不仅是品牌创立与成长过程中的重要策略，还是实现品牌差异化及其与用户建立深度联结的关键路径。要想将"五感协同"作用于品牌策略，意味着要全方位地考虑用户与品牌接触的每一个细节，为用户提供一种综合的、沉浸式的体验，使品牌更加生动、立体，从而在用户心中留下深刻的印象。

1. 什么是五感协同

美国品牌营销大师马丁·林斯特龙的五感营销理论，即品牌要利用人的视觉、听觉、嗅觉、味觉和触觉器官进行营销。也就是说，品牌可以通过愉悦人的五种感觉器官来构建差异化的品牌优势。

所谓"五感协同"，就是品牌打破传统的单一模式，通过以色炫眼、以声撼耳、以味绕舌、以香撩鼻、以触醉身，多方位调动用户的感官，为用户带来新鲜感和惊喜感，实现品牌的创新与差异化。比如，耳机的功能本来就是延伸听觉感受，但很多耳机品牌依靠高级的设计感、戴在耳朵上的舒适感，从而获得了更多用户的青睐。

为了提高"五感协同"效果，有些品牌不仅在具体的产品上发力，还会为品牌设计具体的形象，力图更好地拉近品牌与用户之间的距离。

"五感协同"不仅仅是一种传播手段，更是一种情感共鸣和价值观传递的方式。通过精心设计的感官体验，品牌能够与用户之间建立深层次的情感联结，向用户传递品牌的核心价值观和文化理念，使品牌形象深深植根于用户心中。

2. 新五感协同

随着消费体验的升级，用户的精神世界日益丰富、多元，他们不再满足于传统的消费模式，而是追求更加新颖、独特的感官体验。因此，关于消费的"新五感"应运而生，它们分别为：原生感、松弛感、存在感、社交感和氛围感。

"新五感协同"是在传统"五感协同"营销理论的基础上发展而来的，它强调的是更细致、更全面且更具综合性的体验方式，以满足当代年轻人在情绪、归属、治愈、社交等方面的需求。

（1）原生感。原生感着重凸显品牌的原创性、自然韵味与真实品质，拒绝夸大其词的宣传与虚假的修饰。这就是说，用户在接触品牌的产品时，无论是视觉上的体验、听觉上的感受，还是其他使用过程中的感知，它们都与品牌宣传的保持一致。

比如，2024年初，很多饭店会在门口贴出"本店没有预制菜"的字样，一些大品牌也打出"现炒现卖"的卖点，这样做其实就满足了用户"原生感"的需求。用户需要更自然、更真实的烟火气，享受更新鲜、更爽口的感觉。

品牌仅需凭借创新来塑造产品的独特性，提升产品的辨识度，并借此在用户心中树立更加稳固的品牌形象。

（2）松弛感。在现代快节奏的生活中，用户越来越追求放松和纾解压力的体验。

比如，2024年的"慵懒风"等穿搭风格更受欢迎；扫地机器人、智能洗地机等智能家居产品的销量持续攀升；柔软细腻、注重舒压体验的奶油风家居产品，成了用户的新宠；"慢充式旅游"日益受到欢迎。这些消费新趋势表明，用户正越来越追求一种松弛感的生活方式。此外，商场和品牌在提供产品和服务时，也越来越注重营造轻松、愉悦的氛围，如设置舒适的休息区、提供按摩椅及舒缓的音乐等，营销活动也倾向于打造松弛感的生活场景，如露营风餐厅、生态市集等，以满足用户放松身心的需求。

品牌在制定营销策略时，应当注重营造一种轻松愉悦的消费氛围，使用户在与品牌互动的过程中感受到松弛感。松弛感并不意味着，品牌应该放弃对品质和创新的追求。相反，品牌应该在此基础上，通过巧妙的策略将松弛感融入其中，使用户在享受品质和创新的同时，也能感受到品牌带来的轻松、愉悦的感觉。

（3）存在感。存在即意义。很多品牌花费了巨额广告费，试图占据用户心智，但用户对此无感，依然记不住品牌的名字。

有些品牌，其产品消费频次高，并通过广泛的销售渠道占据了一定的市场份额，但品牌缺乏鲜明的个性或者有效的品牌传播策略，使得品牌识别度不高。比如，一些酱菜类产品的品牌。

这类品牌可能过于依赖传统的销售模式和市场惯性，而忽视了品牌建设的重要性。在市场竞争日益激烈的今天，品牌仅仅依靠产品的实用性和销售渠道的畅通是不足以确保自身长久发展的。品牌建设需要一套完整的商业逻辑，如品牌定位、品牌传播、品牌体验等。如果品牌在这些方面缺乏创新和差异化，就很难在用户心中留下深刻的印象。因此，品牌需要审视自己的商业逻辑，思考如何通过创新的方式提升品牌知名度和影响力。

（4）社交感。社交感是指品牌与用户之间建立社交联系和互动时给用户的一种感觉。在新消费时代，商业已经不仅仅是一种商品或服务的提供者，更成了一种社交身份的象征。很多品牌通过策划社交活动、音乐演出、时尚发布会等，吸引用户聚集在一起分享社交体验；通过利用社交媒体平台建立立体的社交形象，直接与用户互动，提升品牌的社交价值。

（5）氛围感。氛围感是指通过刺激用户的视觉、嗅觉、味觉、听觉及触觉等，营造出一种独特的情绪和场景体验。商场和品牌通过艺术装置、主题展览和文化活动等方式，营造独特的艺术氛围感，激发用户的情感需求和购买欲望。比如，咖啡店的装修风格和咖啡香气结合，营造出温馨舒适的氛围，吸引用户沉浸其中并产生购买行为。

随着市场环境和用户需求的变化，品牌需要不断地调整和优化其感官体验策略，以确保其在用户心中始终保持新鲜和活力。商业模式顶层设计应建立灵活的调整机制，鼓励品牌团队持续进行创新，以应对市场的变化。

盈利如造血，尽早盈利是铁律

对企业来说，尽早盈利是铁律，这也是商业发展的经验之谈。

回顾互联网的发展历史，会发现几段"烧钱"的时代。比如，20世纪90年代末至21世纪初的门户网站时代，门户网站迅速崛起，由于互联网广告市场尚未成熟，网站需要持续融资（"烧钱"）来维持运营；电子商务兴起时代，众多电商平台在市场推广、物流建设和技术研发过程中，为了争夺市场份额，也出现了"烧钱"现象；共享经济兴起后，涌现了大量创业公司，他们通过"烧钱"补贴、优惠等方式吸引用户；在O2O（Online To Offline，从线上到线下）时代，许多创业公司试图将线上流量转化为线下消费，如外卖、打车、家政等领域，同样采取了"烧钱"模式。

新科技催生的新商业模式展现出无穷的力量，以至于投资市场在一段时间内对新兴企业毫无抵抗力。众多投资人，甚至很多有影响力的国际投资巨擘，将估值超过10亿美元的初创企业视为"香饽饽"，不遗余力地慷慨投资。然而，几乎每一次无节制的"烧钱"行为，最终都演化为一场激烈的竞争与资源掠夺战，形成一轮资本的寒冬。

能够在这些"烧钱"战役中胜出的企业寥寥无几，成功的互联网企业几乎都是因为找到了清晰的盈利模式。而更多的企业因为没有变现能力，最终在残酷的竞争中销声匿迹。因此，企业的盈利模式已成为投资人首要考量的要素，同时也是衡量企业未来发展潜力的重要指标。

因此，企业将盈利模式作为商业模式的顶层设计，显得尤为重要。盈利模式不仅关乎企业的生存与发展，更是企业核心竞争力的体现。清晰、可行的盈利模式能够为企业带来稳定的现金流，支撑企业的持续运营与扩张。

那么，该如何设计好的企业盈利模式呢？

设计盈利模式的过程，实际上是对企业资源、能力、市场机会及用户需求进行深入分析的过程。

1. 明确目标用户群

企业需要明确自己的目标用户群。这些用户群应具有相似的需求、购买力和消费习惯。比如，一家专注于高端家居市场的电商平台，其目标用户群可能是追求生活品质、注重家居设计的中高收入人群。

2. 分析用户需求与痛点

与目标用户群建立联结之后，企业可以通过访谈或者其他互动的方式，深入了解目标用户群的需求与痛点。比如，高端家居市场的用户可能更关注产品的设计感、材质与环保性，以及购物体验的便捷性。

3. 确定价值主张

基于目标用户的需求与痛点，企业需要提出一个清晰的价值主张，即企业能为目标用户提供哪些独特价值。

案例回放

Oatly是一个定位为健康、环保、创新的植物奶品牌，它的价值主张是提供一种健康、可持续且对所有人群友好的植物性奶制品的替代品。其产品以天然燕麦为基底，富含膳食纤维，不含乳糖，适合素食者和乳糖不耐受者，同时其承诺在生产过程中减少对环境的影响，为追求健康和环保生活方式的用户提供美味且营养的选择。Oatly由于满足了用户对营养、可持续性及包容性饮食选择的需求，同时保证了产品的美味和多样性，很快成了用户信赖的选择，并迅速在全球范围内提高了市场份额，赢得了广泛的品牌认可。

近年出现的很多新品牌在价值主张上也更契合当下新消费人群的精神需求。比如，美瞳品牌MOODY围绕"内在情绪可视化"，唤醒了年轻消费人群的情绪价值；高梵深入洞察消费者对保暖性能、穿着舒适度以及时尚感等方面的需求，在产品设计和生产过程中不断优化和改进，确保产品能够真正满足消费者的期望。

4. 设计收入来源

收入来源是盈利模式的核心。企业可以通过销售产品、提供服务、广告收入、会员费、交易佣金等方式获取收入。

以博物馆为例，国内大多数博物馆都不收门票。那么，它有哪些收入来源呢？

（1）产品销售。它包括文具、家居饰品、时尚配饰、复刻文物、图书等。比如，很多博物馆都在售卖的冰箱贴、公仔，几乎成了很多用户逛博物馆必买的产品。

（2）出版和复制品。出版与博物馆相关的书籍、画册、复制品等获得收益。

（3）授权合作。一些博物馆通过授权给其他品牌和制造商使用其文化元素等，合作推出联名产品，从而获得授权费用。

（4）特展和文化活动。比如，故宫就举办过各种特展和文化活动，吸引观众参观，通过特展门票销售和相关活动的赞助获得收入。

（5）文化体验服务。提供文化体验服务，如工作坊、讲座、导览服务等，为参观者提供深入了解博物馆文化的机会。

（6）数字化产品。比如，故宫推出了一系列数字产品，如App、在线课程、虚拟现实体验等，通过销售数字产品或订阅服务获得收入。

（7）出口国际市场。比如，故宫文创产品也在国际市场上销售，通过出口和国际合作，将故宫文化推向全球。

近年来，企业不断探索并拥有创新性的收入来源，如数据销售、知识产权授权等。这些新兴的收入模式日益成为增强企业盈利能力的重要途径。通过丰富的收入来源，企业不仅能够提升资金的流动性，还能增强自身的变现能力，为企业的持续发展和市场竞争力提供有力支撑。

5. 优化成本结构

在设计盈利模式时，企业还需要考虑成本结构。企业可以通过优化采购、仓储、物流、营销等环节的成本，提高盈利能力。比如，企业与优质供应商建立长期的合作关系，降低采购成本；利用大数据和人工智能技术优化仓储与物流效率；通过社交媒体、内容营销等方式降低营销成本。

企业初创时活下来是起点；站稳后永远活下去是目标；巅峰期一直活跃是方向。这就需要企业拥有有效的盈利模式，并在时代变革中不断吸纳新鲜血液，以保持旺盛的生命力，在披荆斩棘中持续繁荣下去。

企业生命周期决定其机会大小

所谓企业生命周期，指的是企业从起步到结束的整个动态轨迹，通常包括初创期、成长期、成熟期和衰退期。企业的每个阶段都有其特征和机遇。

1. 初创期

在这个阶段，企业刚刚起步，主要目标是生存，机会主要来自产品或服务的创新、市场的开拓及团队的建设。此时，企业需要快速适应市场变化，在不断试错和调整中生存。

（1）机会识别。初创企业在市场定位和机会识别上具有灵活性，能够迅速适应市场变化。

比如，字节跳动最初做新闻聚合平台，但它捕捉到新趋势后，马上入局短视频市场，推出了一系列短视频应用，如抖音App、火山小视频App和西瓜视频App等，形成了庞大的产品矩阵。这些应用不仅分别满足了不同用户的不同需求，还实现了用户资源的相互流动，巩固了企业在短视频行业的市场地位。到2024年，抖音总用户数量已超8亿，人均单日使用时长超过2小时，成了很多人日常生活不可或缺的App。

初创企业需具备高度的市场敏锐性，才能精准洞察需求、把握趋势，从而有效地识别并把握市场机遇。

（2）高效融资。处于初创期的企业通常资源有限，需要高效地利用种子资金和天使投资。

比如，旅行房屋租赁网站Airbnb（爱彼迎）的快速崛起，很大程度上得益于其卓越的快速融资能力，如红杉资本等国际知名投资公司的投资。它能够迅速获得融资的关键，在于其采取了创新的共享经济模式，精准地把握了共享经济时代的风口。企业通过平台聚集了大量闲置房源，将其以经济、实惠的价格租给旅行者，便利了旅行者，也为房东创造了可观的额外收入。

通过迅速获得资金支持，企业可以加速产品研发、市场推广和业务拓展，从而在竞争中占据有利的位置，进一步提升品牌影响力和市场份额，巩固其在行业中的领先地位。

（3）广积用户。在边界淡化的时代背景下，企业初创期如果准确捕捉了商业趋势，或者把握了用户的需求，就能快速聚集用户，使企业在激烈的市场竞争中脱颖而出，实现稳健成长。

比如，瑞幸咖啡既有原始数字基因，又参考了拼多多的用户分裂策略，在内容上全面渗透目标用户的日常生活场景，与用户建立情感联结。同时，瑞幸咖啡还推出激进的会员和社群模式，以及通过贴标签和持续更新迭代来增进自身与用户之间的联结。这些策略共同构成了瑞幸咖啡集结人群的模式，使自身快速完成了原始用户积累。

用户就是企业盈利的底气，拥有稳定的用户群体和良好的用户口碑，能够为企业带来持续不断的收入来源和市场份额。

（4）团队建设。在初创期，企业建立一个多技能且有共同愿景的团队至关重要。在无边界的时代背景下，企业若能够召集并吸引更多价值维度的人加入初创团队，不但可以迅速扩大团队规模，而且可以整合多维资源，帮助企业快速崛起。

初创期是企业生命周期中最具挑战性的阶段，但通常也是创始人和创始团队最充满激情的时候，他们往往敏锐地感知到了时代的趋势，因此，这个阶段也是充满机遇的时期。此时，企业需要将精力侧重于战略，帮助自己快速杀出重围。

2. 成长期

企业进入快速发展阶段，机会主要来自规模的扩张、市场份额的提升及品牌的建设。此时，企业需要加强内部管理，提高运营效率，同时保持对市场的敏锐洞察力。

（1）精细化运营。在这一阶段，企业需要更加注重精细化运营，深入了解用户需求，为用户提供更具个性化的产品和服务。

（2）强化品牌建设。品牌是企业与用户之间的桥梁。处于成长期的企业需要加大品牌宣传力度，提升品牌形象和知名度，从而让品牌植根到用户心中。

（3）探索多元化盈利模式。在成长期，企业需要积极探索多种盈利模式，降低对单一盈利模式的依赖。

成长期是企业快速"圈地"的阶段，也是占领市场的时期，企业必须把握两个字，一个是"稳"，即保证战略一直围绕用户的需求；另一个是"狠"，即果断决策，迅速行动，占领市场，巩固市场地位。

3. 成熟期

企业达到稳定发展阶段，机会主要来自业务的深化、新市场的开拓及多元化经营。此时，企业需要不断创新，寻找新的增长点，以保持竞争优势。

（1）不断优化现有业务，提升效率与品质。企业可以通过数据分析、流程优化等手段，提升运营效率，降低成本，提高盈利能力。同时，还要注重产品和服务的质量，提升用户体验，提高用户的品牌忠诚度。

（2）创新业务模式，拓展新的增长点。在保持核心业务稳定的基础上，企业要拓展相关领域或行业，实现多元化经营。比如，阿里巴巴集团通过电商平台的成功运营，逐步拓展到金融、云计算、物流等领域，形成强大的生态体系。

在企业成熟期，用户对其高品质、高附加值的产品和服务需求增加。此时，企业也可以通过推出高端产品、提供定制化服务等方式，满足部分用户的需求，实现利润的增长。比如，方太通过实施高端化战略，成功在厨电市场占据一席之地。

（3）技术创新与升级。技术创新是企业快速拓展的重要支撑。企业需要不断投入研发，提升产品的技术含量和附加值。

在当下复杂的商业环境中，企业的竞争来自四面八方，任何一个维度新出现的商业形态都可能对企业形成降维打击，因此，成熟期的企业需要不断升级思维，紧跟时代技术，不断创新业务模式，这样不仅可以应对危机，还可以寻找新的机会。

4. 衰退期

企业进入衰退阶段，机会往往相对较少，但也可能孕育着新的变革和转型。此时，企业需要审时度势，及时调整战略，寻求新的发展机遇。

（1）调整战略方向，寻找新的增长点。企业可以通过市场细分，寻找新的目标用户群体和市场需求。比如，随着老龄化社会的到来，一些企业开始关注老年人市场，推出适合老年人的产品和服务。

此外，企业还可以通过拓展新业务领域，实现转型升级。比如，诺基亚在智能手机市场衰退后，开始积极转型至通信网络设备领域，取得了新的发展机遇。

（2）加强合作与联盟，实现资源共享。企业可以通过跨界合作，实现资源共享和优势互补。比如，一些传统零售企业开始与电商平台合作，实现线上、线下的融合，拓展销售渠道。

　　此外，衰退期的企业还可以通过战略联盟，共同应对市场挑战，实现协同发展。

　　比如，一些传统汽车制造商为了扭转衰退期的困境，纷纷与科技公司携手合作，共同研发智能驾驶技术，引领汽车行业的转型升级。其中，小鹏汽车的前身是UC优视（后转型为互联网汽车公司）。除小鹏汽车之外，还有北汽新能源、广汽埃安等汽车企业，在面对市场份额下滑的挑战时，通过与新能源技术的深度联盟，成功实现了企业的复兴与崛起。

　　企业无论处于哪个生命周期，都面临各自的机会与挑战。然而，企业只要紧跟时代步伐，精准把握趋势，并紧密贴合用户需求，就能始终确保自身的持续发展与成功。

商业模式大解读篇

>>>>>>>>>>>>>>>>>>>>>>>>>>> <<<<<<<<<<<<<<<<<<<<<<<<<<<

　　企业每一种充满活力的商业模式都是针对特定需求而精心设计的解决方案。面对资源整合的挑战，企业通过创新手段实现模式之间的高效联结，从而创造出组合型商业模式；企业寻求拓展收入来源时，如果深入挖掘新的盈利点，则能打造出盈利型商业模式；企业若致力于精细化管理和智能化升级，则能在不断挖掘潜力的过程中发展出运营型商业模式。此外，企业需要融资以支持发展时，会衍生出符合自身需求的融资型商业模式；企业专注于生产领域，就会构建出既高效又灵活的生产型商业模式。

第4章

组合模式：通过资源链接更多能量共同体

　　能容则大，善组则强。在复杂的商业环境中，企业要学会通过资源链接，汇聚多个能量共同体，构建强大的商业网络。企业不同的资源链接方式，可以打造不同的商业模式。

平台模式：我搭台你唱戏，我织网你圆梦

在当今的商业世界，平台模式可以说是商业生态的核心支撑之一，也是众多新兴商业形态的重要基础。比如，电商依赖于平台运作，内容创作与分发离不开平台支撑，社交活动也依托平台进行。

所谓平台模式，指的是通过搭建一个中立的平台，将供应商、制造商、经销商及用户等相关群体集中在一起，构建供需关系，完成商业交易。

通过互联网，平台能够更高效地串联多个群体，实现信息的快速传递和资源的优化配置。同时，互联网也为平台提供了丰富的数据支持，使得平台能够更好地理解用户需求，提升服务质量和用户体验。互联网时代的平台颠覆了传统的商业模式，激发了前所未有的商业想象力，快速聚集了资源，实现了跨界整合，形成了多元的商业格局，成了竞争的利器。因此，各行各业都引入平台式商业模式。

这种模式在电商、金融、社交、出行等领域都有广泛的应用。在电商领域，如阿里巴巴、京东和亚马逊等平台，通过提供商品展示、交易撮合、物流配送等服务，联结了商家和用户；在金融领域，支付宝、微信支付等平台通过提供支付结算、理财、信贷等服务，联结了金融机构和用户；在社交领域，微信、QQ等平台通过提供即时通信、社交分享等服务，联结了用户与用户；在出行领域，滴滴出行等平台通过叫车服务，联结了司机和乘客。

虽然平台模式的主要表现形式是多样的，但核心在于联结与撮合。进一步说，平台的本质是不参与行业链交易，只做织网者聚合用户，用户之间可以根据需求自行构建关系，进而实现交易。具体来说，它具有以下三个显著特点。

1. 网络聚合效应

平台模式展现出显著的网络聚合效应。随着平台用户数量的持续增长，其整体价值也随之不断提升。这种效应在经济学中被称作网络外部性，即平台的价值不仅源于其自身功能和服务，还源于用户数量的增加带来的额外效益，使得每个用户都能从平台的扩大中获得更多价值。

以微信为例，如果你的朋友都使用微信，那么你用微信就能发挥更大的价值，你可以和所有朋友在微信上更方便地交流、分享和获取信息。平台的用户群数达到一定的规模时，将强力吸引更多的人加入这个平台，这就是网络外部性带来的聚合效应。

这种网络聚合效应使得平台型企业能够形成强大的市场壁垒，在激烈竞争中脱颖而出。

2. 简化产业价值链

互联网平台通过简化产业价值链，去除中间环节，使商品或服务从厂家直达用户。这种扁平化的价值链不仅降低了企业的运营成本，还使用户能够享受更低的价格。

互联网平台具备简化组织价值链的潜力。当企业采用扁平化管理，鼓励员工直接与市场、用户需求建立联系时，这样企业本身就转换为一个支持和服务于这些直接关联的平台。其自身的整体价值将得到显著的提升。这样的变革不仅促进了信息的快速流通，还激发了员工的创造力和参与度，使得企业能够更加灵活地响应市场变化，满足用户的多元化需求。

3. 平台的价值资源是用户

平台的核心价值资源在于其用户基数。用户数量越多，平台的价值就越高。企业若想将自身转型为平台，仅仅改变组织形式是不够的，还需要积极积累用户资源，并深入挖掘用户的多元化价值。比如，用户可能购买内容产品，还可能购买生活用品，甚至寻求娱乐服务，这样平台就可以聚合更多行业、更多类型的供应商和生产商。

平台的主要目标就是聚合更多用户，让他们通过平台找到归属感、价值感和满足感，使他们愿意在平台上完成交易，这样才能推动平台的持续发展和繁荣。

社区团购：从B2C到C2M的低成本革命

社区团购，是一种基于社区组织聚合需求的集体采购电子商务模式，它通过组织社区居民集中购买日常必需品，利用规模效应来争取更优惠的价格和更好的服务。

社群团购的起源可以追溯至一些小型社区内居民自发组织的团购活动，这些活动起初是用户出于共同需求而发起的一种消费合作模式。比如，由社区内小超市老板组织的拼团活动。随着互联网技术的普及、社交平台的兴起，有商家开始意识到，可以根据消费需求来改变经营模式。

社群团购的崛起深刻反映了消费趋势的变迁，显示出消费正在成为驱动生产与服务模式创新的强大力量，并最终实现了从传统的B2C（Business to Consumer，企业对用户）模式向C2M（Consumer to Manufacturer，用户对制造商）模式的转型。在B2C模式下，商家是主导者，控制着商品种类、价格及市场推广策略。在C2M模式中，用户需求被置于商业活动的核心，使商业彻底从"生产端主导"转变为"消费端驱动"。

1. 社区团购的主要特点

社区团购主要服务于特定的社区。由于消费集中，能够实现规模购买，社区团购能获得采购折扣；由于采取先下单的模式，用户的需求能更好地得到满足；线上下单、线下配送或自提的方式，大幅节省了居民的购物时间和精力；社区团购还为居民提供了社交互动的平台，居民可以在社区团购活动中彼此交流、分享购物心得，增进社区居民之间的互动和社交关系，这是吸引用户的重要原因。

由于采用预售模式，平台能够节省大量仓储和物流成本，降低单次配送的成本；社区团购的获客成本相对较低，主要依赖于个人流量和团购群来运营；通过社区团购，居民可以与团购平台或商家建立联系，形成一种供需关系，这种用户黏性有助于团购平台或商家吸引用户重复消费，并通过口碑传播推动业务的发展，这是吸引商家加入的重要原因。

同时，社区团购通常以本地化特色为卖点，提供一些只有在当地才能够买到的特色商品或服务。这样不仅有助于增强社区团购的吸引力，还能够促进当地特色经济的发展。

2. 社区团购的过去与未来

由于市场反响强烈，社区团购迎来了繁荣发展阶段，出现了大批优秀企业，如兴盛优选、十荟团、同程生活、你我您、橙心优选等。社区团购的优势被放大后，线上购买生鲜的需求被放大，各大电商巨头也纷纷入局，比如，拼多多推出的多多买菜、美团推出的美团优选等，自此展开了激烈的"千团大战"。尽管这项业务一度被人诟病为"几棵白菜"的赛道，但竞争也逐渐白热化。

就模式来说，各企业的供应链和服务越来越接近，同质化严重。用户的待选项越多时，自然会出现比价行动，这样，企业赚钱就会变得越来越难。近两年，由于人工智能市场越来越繁荣，社区团购一度被投资市场冷落。然而，社区团购的需求市场庞大，2023年底，社区团购已经达到3200亿元的规模，因此，电商巨头并没有放弃团购市场，而是重新深度布局社区团购。

案例回放

2023—2024年，京东在社区团购领域发力。京东对旗下的社区团购业务进行了重组和升级，将原有的七鲜超市整合成独立的业务单元，将旗下的京喜拼拼品牌更名为"京东拼拼"。这些调整旨在集中资源和优势为用户提供更加优质的购物体验。

京东在社区团购方面的战略动作，显示了京东对团购市场未来的发展潜力很有信心。

可以预想，未来社区团购的商业潜力依然巨大，而且，将不仅仅局限于生鲜食品等领域，还将扩展到更多品类，如家居用品、电子产品等，从而进一步满足用户的多样化需求。同时，大数据和人工智能技术的发展，也会助力社区团购实现更加精准的用户画像和商品推荐，从而提高用户的购物体验和转化率。

社区团购不但成功实现了从B2C到C2M的模式转变，而且随着生产供应商商业方向的日益精准，整个产业链向更高效、更智能的方向发展。

连锁模式：通过复制来扩大规模

连锁模式是一种商业组织形式，它通过统一品牌形象、统一经营管理和统一商品服务，将多个单体店铺联合起来，形成一个规模较大、具有较强市场竞争力的商业网络。

连锁模式的精髓在于快速复制品牌成功的经营模式，并使用标准化的操作和管理。当某个业务单元或商业模式经过验证并取得成功后，企业便可以在其他区域开设新的分支机构，复制这一成功经验，实现快速扩张。

互联网时代，连锁模式经历了显著的发展。企业不仅可以在物理位置上扩张，还通过线上平台扩展了其业务范围。很多餐饮品牌都是采用连锁模式实现了快速增长，如绝味鸭脖、老乡鸡等。

由于规模庞大，品牌通常拥有更多的资源和实力，能够采购更好的原材料，打磨更优质的产品，为用户提供性价比更高的产品或服务，也更容易获得用户的信任和认可，从而进一步巩固其市场地位，同时，这些优势也使品牌能更好地应对市场变化。

1. 互联网时代连锁商业模式的特点

互联网时代连锁模式有了更多特点，它可以使用数字化管理，利用信息技术进行库存管理、用户关系管理；可以实现线上、线下融合，通过电商平台和移动应用与实体店铺相结合，为用户提供无缝购物体验；可以利用大数据分析用户行为，为用户提供个性化的产品和服务。

2. 连锁经营模式的种类

连锁经营模式通常分为直营连锁模式、特许经营连锁模式。

（1）直营连锁模式。直营连锁模式是指企业总部直接经营投资管理各个分店。直营采取的是集权管理模式，总部不仅拥有分店的所有权，还控制着经营权、人事权、行政权等权力，分店则是总店的一个附属机构，几乎没有决策权。

随着商品经济的快速发展，再加上国际连锁品牌大规模涌入中国市场，单一经营模式无法满足市场多元化的需求，直营连锁模式因此得到迅猛发展。但随着互联网商业的冲击，直营连锁模式遇到了前所未有的挑战。

直营连锁模式的发展面临资金投入大、选址及拓展难等问题，同时需应对人力资源管理、供应链复杂性和市场竞争加剧的挑战。随着经营规模的扩大，企业要想确保统一性服务和高效的供应链管理，就需要投入大量的资源。在轻资产运营盛行的互联网时代，这一问题显得尤为突出且具有挑战性。此外，政策法规环境的差异也为直营连锁模式的企业跨地区扩张增添了复杂性和不确定性。

（2）特许经营连锁模式。特许经营连锁模式是指企业总部将自己所拥有的品牌建设元素（如商标、商号、产品等）、专利资产（如技术专利、外观设计专利等），以及特定的经营模式，通过收费的方式，以特许经营合同的形式授权给他人使用。根据合同规定，在特许者统一的业务模式下，被授予特许经营权者可以开展相应的经营活动。这种方式也叫加盟连锁模式。

特许经营连锁模式的特点是，总部在合同中规定门店必须按照其提供的经营模式进行经营，包括商品、价格、产品陈列模式、项目服务内容、营销内容等，而门店可以拥有人事权、财权等权力。另外，总部通常会以收费的方式，为加盟商提供一系列的支持和服务，包括培训、选址指导、供应链管理、市场营销等，以确保加盟商能够按照统一的标准和模式进行运营，从而维护品牌形象和市场竞争力。这种经营模式可以大幅缓解资金投入大等难题。

案例回放

周黑鸭，自1997年成立以来，一直采取直营模式，通过稳健的经营策略，十几年内在全国开设了上千家分店。然而，进入互联网时代，很多餐饮企业通过加盟模式实现了迅速扩张。比如，与周黑鸭在同一赛道的绝味鸭脖，就在很短的时间内扩张到上万家门店，大幅瓜分了市场份额。

2019年，周黑鸭开始探索特许经营连锁模式，将"直营独轮车模式"升级为"直营+特许经营"双轮驱动的模式，其销售额迅速攀升，这一转变得到了资本市场的认可，周黑鸭的股价也随之上涨。

当然，直营连锁模式和特许经营连锁模式各有优势。直营连锁模式的优势在于直接控制渠道，制度执行与信息传递高效，但人员及运营成本高；特许经营连锁模式则成本低，企业无须承担其运营成本，但渠道控制力弱，制度执行与信息传递易受加盟商利益影响。因此，周黑鸭采用"直营+特许经营"双轮驱动模式，既能强化总部的控制管理能力，又能有效地维护品牌形象。

连锁模式是一种强大的商业扩展策略，它的核心是快速复制和统一管理，在互联网时代，这种模式更适应数字化和全球化的发展趋势，因此有着更强劲的发展前景。

共享模式：共同拥有而不占有

一间8平方米的小房子，能否住下3个成人，还能使每个人都能享受独立的空间？当然可以。比如，可以把房子租给3个工作时段完全不同的人，这样，一天24个小时内每个人都能单独享受这个独立的空间。

这其实就属于资源共享模式。在这种模式下，资产、资源、技能或服务等不再被固定地分配给某一个人或组织，而是被更广泛地共享给更多有需求的人。通过这种方式，资源的使用效率得到了极大的提升，同时也为人们提供了更多的便利和选择。

共享模式促使我们重新审视身边资源的利用方式。

比如，当房屋在短期内无人居住时，可以将其短期出租，Airbnb正是基于这种模式，整合了闲置的房产资源，为旅行者提供了经济实惠的住宿选择；当私家车在空闲时段未被使用时，可以将其临时出租，Uber正是通过汇聚这些私家车的空闲时间，为用户提供了按需的交通服务，让司机能够利用自己的车辆赚取额外收入；当个人难以独自承担某项大额支出时，可以选择与他人共同分担，WeWork便是通过提供共享的办公空间，为自由职业者和初创企业创造了灵活且成本效益高的工作环境；而对于需要在外省活动且希望自驾出行的人来说，购买新车可能并不划算，此时可以选择按小时或按天租车，Zipcar就提供了这样的汽车共享服务，让人们的出行更加便捷与经济。

传统的思维方式倾向于将资源视为己有，为此我们需要付出很大的资金成本，这会限制我们的商业思维。而共享模式可以优化资源，减少浪费，对提供者来说，可以为他们带来额外收入，降低资源的占有成本；对使用者来说，通常可以用更低的价格，获得所需的商品权或服务。我们如果不再单纯以占有为目标，就能探索、挖掘资源的多重价值。

资源若以时间的方式闲置，那么就通过分割时间来完成共享；资源若以群类的方式闲置，那么就可以通过群类组合来提高资源利用率。比如，将具有相似技能或专长的人才组织起来，形成一个团队或社区，共同承接项目或提供服务；或者将功能互补的设备进行组合，形成一个完整的生产线或服务体系。这样，原本可能单打独斗的资源就能通过协同合作产生更大的价值。

我们转变思维，跳出传统的束缚与框架时，就能够探索全新的盈利途径，引领时代的变革，成为变革时代的先驱者。

共享模式不仅为企业开创了全新的盈利模式，还为用户提供了更加多元化和便捷的生活条件，并且它减少了对新资源的需求，能有效地保护稀缺资源和自然环境。因此，它被广泛推广和使用。比如，共享奢侈品、共享知识、共享美食、共享教育经验等。当然，需求旺盛的，就会被发展成一种商业形式。其中，需求旺盛的领域还发展出了商业形式，如厨师上门服务平台，让大厨利用闲暇时间为人们提供美食服务，这样上门的厨师既实现了个人价值，又创造了经济价值。

移动互联网和社交媒体为共享模式提供了平台和工具，以更多网络节点联结拥有者和使用者，这样共享模式变得更加容易和广泛，资源的利用也变得更加高效和经济。

1. 共享模式的核心要素

共享模式的核心要素包括闲置资源、技术平台、需求匹配和收益分配机制。

（1）闲置资源。闲置资源是共享模式的基础。它们可以是物品、空间或服务，只要在一定时间内没有被充分利用，它们就可以成为共享的对象。

（2）技术平台。技术平台是共享模式得以实现的关键。它提供了信息共享、需求匹配和交易结算等功能，使得闲置资源能够方便地共享给有需求的人。

（3）需求匹配。这是共享模式的核心功能之一。它确保了资源的有效利用和用户的满意度。

（4）收益分配机制。这是共享模式中不可或缺的环节。它决定了资源提供者、技术平台和需求者之间的利益关系，并激励他们积极参与共享活动。

2. 共享模式面临的挑战

共享模式具有诸多优势，如降本增效、提供便捷性、推动创新、减少资源需求等。然而，它同时也面临一些挑战。

首要的挑战就是监管，即如何更好地保障用户权益、维护市场秩序及防止不正当竞争。同时，随着共享模式的普及，一些热门资源将会面临过度开发、使用的危机，从而损害其可持续的利用性。此外，技术瓶颈也是共享模式发展中需要克服的难题之一。如何保障技术平台的稳定性和安全性、提高信息共享和交易结算的效率等，也是亟待解决的问题。

展望未来，随着监管政策逐步健全和完善，以及技术的不断进步和市场的不断发展，共享模式有望实现更加广泛的应用和更加深入的发展。用户对于信息共享有更高的需求，使得共享模式有望在更多领域实现创新和突破，为社会经济的可持续发展贡献更多力量。

会员制模式：向用户提供专属权益

所谓会员制模式，简单来说，就是企业通过创建账户体系，以一定的权益内容吸引用户办理会员，从而赋予他们享受企业提供的专属权益与服务的资格。作为一种极为普遍的商业模式，会员制模式在零售、餐饮、娱乐、健身及在线服务等行业得到了广泛应用。

会员制的核心策略在于建立企业与用户之间的长期关系，通过提供一系列福利、特权及个性化产品或者服务来吸引新用户，增加用户的忠诚度，提高用户的复购率。

会员制模式的鼻祖是Price Club（折扣俱乐部），它以向顾客收取年费的方式，向其提供显著低于零售价的商品。以当时的"网红食品"热狗为例，其最初售价为1.5美元，此后36年内一直没涨过价。后来，Costco（开市客）也采用这种商业模式，并为会员提供更多元的福利，如退货政策、免费样品和特定服务，这些都增加了顾客的忠诚度和满意度。而且，Costco还不断扩展和完善其会员制度，引入包括家庭卡、企业卡及提供额外优惠的执行卡会员（Executive Member）等。这些会员特权不仅增强了顾客的忠诚度，还为Costco的全球扩张和培养用户的品牌忠诚度奠定了坚实的基础。

对企业来说，会员制模式是一种高效的营销模式，会员特权通常鼓励用户更频繁地购买，从而提高销售额；会员制模式允许企业收集用户的购买习惯和偏好，用于市场分析、产品开发及优化；会员的身份会给用户更强的归属感，他们会助力企业通过口碑营销和社交媒体分享提高品牌知名度；通过提供独特的会员服务，企业可以在竞争激烈的市场中脱颖而出。

要想创建会员制商业模式，企业就需要完善以下四个要素。

1. 会员权益设计

企业需要精心设计会员权益，确保权益具有吸引力和独特性。

以在线流媒体平台为例，平台可以将会员等级体系细分为黄金、白金、星钻等。黄金会员可能只需支付较低的入会费用，就能享受基础的内容访问权限和广告减少服务；白金会员则需要支付更高的费用，除了黄金会员的所有权益外，会员还能享受独家内容、高清画质及优先观看新内容的特权；而星钻会员作为最高等级，其入会费用最高，但也将获得最丰富的权益，包括但不限于无限制的内容访问、最高清的画质体验、专属客服支持，以及参与平台举办的独家活动和获得限量版周边商品的机会。

为了更符合用户的需求，企业还需要根据市场变化，不断调整和优化会员权益，提高会员的忠诚度。

2. 会员管理系统

企业需要开发一套高效、稳定的会员管理系统，用于维护用户关系。它允许企业收集和分析用户数据，包括消费习惯、个人信息和购买行为，如浏览记录、购买偏好等，从而能有效地为会员提供定制化的服务和优惠。

会员管理系统功能多样，如用户细分、忠诚度计划和行为分析，能帮助企业优化营销策略，增强用户满意度，促进长期用户忠诚度。此外，会员管理系统还能自动化日常任务，提高工作效率，确保用户信息安全，为企业带来持续增长的用户基础和收益，并定期对会员管理系统进行升级和维护，以适应不断变化的市场需求。

3. 会员推广与运营

企业要想在激烈的市场竞争中吸引并留住会员，就要制定出一套既具创意又高效的推广和运营策略。比如，企业可以通过个性化沟通和数据分析来吸引潜在用户；可以通过设置多层次会员激励体系来增强会员的活跃度；通过不断优化用户服务，确保快速响应会员需求；通过组织会员专属活动，增强会员的归属感和品牌忠诚度等。

这种策略不仅提升了会员的活跃度，还增进了会员与品牌之间的情感联结。

4. 会员营收和成本控制

企业要想通过提供会员资格来获取持续收入，就要创造足够的会员价值。这样才能使会员认为他们的投资是值得的，同时还能提高会员的长期忠诚度和稳定的收入流。

比如，一些在线流媒体平台通过提供无广告的观看体验、独家节目和电影，吸引用户成为付费会员，从而实现稳定的营收。这种模式要求企业不断提供高质量的内容和服务，以维持会员的满意度和续订率。

另外，企业需要合理控制会员制模式的成本，确保会员制模式的盈利能力。这就要求企业在会员权益设计、会员管理系统开发、会员推广与运营等方面进行合理的规划和优化。

会员模式的核心不仅仅是交易，更在于在会员心中建立一种情感上的共鸣和认同。因为会员买的不只是企业的产品，还是企业带给他们的感觉。因此，企业只有持续为会员提供超出期待价值的产品和服务，才能赢得会员的持久忠诚。

联盟模式：合理分配经营权与所有权

联盟模式是企业通过突破边界来实现创新发展的。传统企业一旦确定经营领域，往往容易受限于既定的框架。然而，联盟模式却使企业可以跨越行业壁垒，与任何具有互补优势的品牌展开合作。

比如，很多品牌都与故宫文创联盟，这种联盟模式不仅丰富了品牌的产品线，还赋予了品牌产品深厚的文化底蕴。再如，小米作为互联网科技领域的佼佼者，其创建的智能生态链平台践行的也是跨界联盟的理念，它与众多中小企业建立了合作关系。

联盟模式，又称合作联盟或战略联盟，是指两个或多个企业或品牌之间，为了实现资源共享、市场拓展、风险共担等目标，通过签订协议的方式建立一种长期稳定的合作关系。这种模式不同于传统的企业并购或合资，它更强调企业或品牌在保持各自独立性的基础上，通过合作实现共赢。

这种合作模式既可以是短期的项目联动，也可以是长期的战略携手，通过资源共享和优势互补，共同推动生产经营的拓展与升级。

联盟模式主要有这样几个特点：联盟成员可以共享各自的技术、市场、品牌等资源，从而降低运营成本，提高资源利用率；不同企业或品牌之间往往具有不同的优势，通过联盟可以实现优势互补，共同提升市场竞争力；联盟成员可以借助彼此的市场渠道和品牌影响力，快速进入新市场，扩大市场份额；在面对市场变化和风险时，联盟成员可以共同承担风险，降低单个企业的风险敞口。

在联盟模式中，经营权与所有权的合理分配是确保联盟模式成功的关键因素之一。这种分配涉及如何在合作各方之间平衡控制权和利益，以及如何激励各方为共同的目标做出贡献。

1. 什么是经营权和所有权

所谓经营权，是指对企业日常运营和管理的权力，包括决策、资源配置、生产管理、市场营销等。在联盟模式中，经营权的分配通常基于合作各方的协议，可能会给予一方更多的经营权，或者让各方共同参与关键决策。

所有权涉及对企业资产的法律所有权和收益权。在联盟模式下，所有权可能不要求完全合并，各方可以保留对自己资产的所有权，同时通过合作协议分享收益。

2. 通过协议确定经营权和所有权

企业需要根据自己的战略目标和需求，选择适合自己的伙伴。在选择过程中，企业需要充分考虑对方的资源、技术、市场、品牌等优势，以及双方的互补性和兼容性。在确定合作伙伴后，双方需要签订合作协议，明确合作的目标、范围、期限、权利义务、收益分配等关键条款，尤其要明确经营权和所有权。合作协议是联盟模式的基础，也是双方合作的法律依据。

以博物馆文创和其他品牌合作为例，首先，双方需要明确合作的目标和预期成果，包括产品线、市场定位、品牌推广等。其次，要评估各自带来的资源和价值，如博物馆文创可能提供文化元素、品牌影响力和授权，而合作品牌可能提供产品设计、生产能力和市场渠道。再次，通过合同谈判，明确双方的权利和义务。这通常涉及知识产权的使用、产品开发的分工、成本和利润的分配等。

经营权的分配可能涉及产品设计、生产、销售、品牌推广等环节。双方可以根据各自的专长和资源分配这些环节的权利。比如，博物馆可以负责监督文化元素的准确性和适宜性，而合作品牌可以负责日常的运营管理。

所有权的界定可能涉及新产品的知识产权、品牌标识的使用权等。通常，博物馆作为文化符号的拥有者，会保留某些关键的文化元素的所有权，而合作品牌可能拥有新产品的某些设计和生产相关的所有权。

除此之外，双方还要商议利润分配方案及共担风险的责任。

明确的权责分配有助于双方在合作中更好地协调行动，减少潜在的冲突和误解；在确保双方根据其投入和贡献获得相应的回报的同时，也能激励双方积极参与联盟活动。

不同企业或品牌之间往往具有不同的企业文化和管理风格，可能导致矛盾与冲突，因此，企业或品牌之间需要持续沟通，以确保双方对经营权和所有权的理解一致，并能够及时解决合作中出现的问题。

联盟模式旨在跨越行业的界限，实现双方的共赢。恰当地分配经营权与所有权，不仅为合作双方提供了展翅高飞的动力，还确保了稳健的飞行路径。

共栖模式：垂直精进服务主生态

在商业形态中，一些微小企业、初创企业或特定领域内的专业服务商等往往需要依靠为其他大企业提供服务来维持生存和发展。这种相互依存、互利共赢的关系可以用"共栖模式"来定义。

共栖模式有两个主体，我们将其中一个称为主导企业，另一个称为共栖企业。共栖企业通过提供专业的服务、技术或产品，精准满足主导企业的特定需求，从而获得生存与发展的契机。相应地，主导企业则通过吸纳并整合共栖企业的专业能力和资源，有效提升自身的运营能力、激发创新能力或增强市场竞争力。这种合作模式不仅为共栖企业的成长提供了有力支撑，还为主导企业带来了额外的价值创造和竞争优势，从而真正实现了双方的互利共赢和共同发展。

案例回放

利乐公司原是专门制作纸包装的企业。在蒙牛初创期，由于资金紧张，蒙牛无法直接购买利乐生产的高端无菌罐装设备。于是，利乐提议：蒙牛可以仅支付20%的首付款，而余款则采用分期支付的方式。如果蒙牛选择购买利乐的无菌包装纸盒，那么利乐将给予一定的分期款项减免优惠。

利乐的灌装设备采用了独特的条形码专利技术，这意味着蒙牛一旦采用了利乐的灌装设备，就必须配套使用它的包装纸盒，从而确保了利乐能够获得长期且稳定的收入来源。对蒙牛来说，利乐不仅解决了其灌装设备和包装材料的问题，还降低了它初期投资成本，可以助力其业务快速发展。双方一拍即合，利乐在蒙牛公司设立了售后服务点，很快就通过蒙牛实现高额收入。

在共栖模式中，共栖企业服务的对象是主导企业，它专注于特定领域或服务，垂直精进，为主导企业提供专业的解决方案。然而，采用这一模式也伴随着一定的挑战，因此有四点关键事项需要特别注意。

1. 与主生态形成互补

共栖企业虽然对主导企业具有一定的依附性，需要依赖主导企业的资源、用户或品牌影响力，以获取市场份额和竞争优势。在业务或功能上，共栖企业首先要与主导企业具有一定的互补性，双方需要共同构建一个更完整、更丰富的生态系统。

一般来说，平台和合作者之间都是共栖关系，一个平台就是主导企业，而依赖平台生存的开发和销售应用程序的开发者、内容创作者、第三方卖家等则是共栖者。从平台的角度说，他是搭台者，而从依赖平台生存者的角度说，他们在寻找一种主生态，在共栖中共同发展。

共栖模式既然是一种生态系统，必然汇聚了众多共栖伙伴。唯有具备独特优势的，才能更充分地享受和利用主生态提供的丰富资源。

2. 为主生态创造价值

共栖者需要根据主生态的定位、需求及发展方向，精准地提供自身的优势资源和服务。这不仅仅意味着简单地满足主生态的基本需求，更在于深入理解主生态的战略意图，与之形成紧密的协同效应。共栖者应当主动挖掘与主生态相契合的业务场景，通过创新性的解决方案或产品，为主生态用户带来更好的体验，进而促进主生态整体价值的提升。

3. 要与主生态保持调性一致

共栖者需要深入理解主生态的文化理念、用户群体特征及市场定位，确保自身的业务发展和品牌建设与之保持高度的一致。同时，要遵守主生态制定的规则和制度，积极响应主生态的统一管理要求。这包括但不限于数据共享、服务标准、市场推广等方面的协同配合，确保主生态资源的优化配置和高效利用。

4. 构建多元化的商业布局

在深度融入主生态的同时，共栖者应保持一定的独立性，在主生态之外拓展自身的商业领域，增强自身的交易能力和市场竞争力。这种多元化的商业布局有助于共栖者降低对主生态的过度依赖，提高风险抵御能力。一旦主生态面临挑战或危机，共栖者能够迅速调整策略，利用自身的资源和能力，实现业务的平稳过渡和持续发展。

比如，自媒体创作者通常都会选择在多个平台创建账号，一是为了拓宽传播维度，覆盖更广泛的用户群体，二是降低对单一平台的依赖。因为单一平台可能会面临诸多不确定性，如政策调整、用户流失等。因此，自媒体创作者分散布局可以增强自身的适应性和抗风险能力。

共栖模式是为了实现双方的共同强大，而非单纯的依赖。要想持续繁荣，不但要能稳定共栖关系，还要能不断提升自身的价值。这样，共栖关系若在，双方可以共赢；共栖关系若不在，自己也可以独美。

第5章

盈利模式：创新收益策略，驱动持续增长

在当今快速变化的商业环境中，众多企业正积极探索多种创新的盈利模式。这些模式基于对市场的分析和对用户的洞察，旨在拓宽企业的盈利渠道，增强企业竞争力。

低价模式：优质好货也便宜

谁不想用最少的钱买到最好的物品呢？物美价廉，就是用户的基本追求。经济学里有一个词叫"消费者剩余"，说的就是消费者在交易中得到的额外满足感。消费者的购买价格低于消费者的预期时，这个差值就是消费者剩余。同样一件商品，有消费者剩余时，消费者就会有赚到的感觉，这种感觉会促进消费者的购买行动。这就是低价模式的基本原理。

但是，低价不是廉价，而是价廉，即企业让渡给消费者更多的福利。因此，真正的低价模式，是将让渡给消费者更多福利作为企业的基本战略，这就需要企业持续优化成本结构、提升运营效率，以确保在保持低价的同时，依然能实现持续盈利。

比如，小米的"高性价比"策略，以相对较低的价格，推出高性能的智能手机，吸引了大量价格敏感型的年轻用户。拼多多刚起步时，则通过"拼团"模式吸引用户。用户可以通过邀请朋友一起购买，享受更低的团购价格。拼多多的低价策略吸引了大量来自二、三线城市和农村地区的用户，使其在短时间内迅速扩大了市场份额，一举称霸电商时代。

因此，很多创业者受到启发，会选择低价策略来增加用户剩余，进而打开市场销路。比如，在直播带货中，有些商家就采取低价策略，目的是吸引用户进入直播间，增加观看人数和互动，从而提高销售机会。但是，庞大的销售额之后迎来的是庞大的投诉问题。更有甚者，以低价为幌子，实则推行"伪折扣"，通过设计复杂的叠加购买条件和隐藏费用，精心布局套路，使用户最后"大出血"。这些都不属于真正的低价模式，而是价格陷阱。

低价模式的核心在于"回归价值"，即为用户提供与价格相符甚至超出价格预期的高品质商品。因此，要想搭建低价商业模式，企业还需要从以下三方面发力。

1. 降低成本

企业可以进行价值链优化管理，即从原材料采购到产品制造，再到物流分销，每个环节都进行成本优化。企业通过直接与供应商建立长期合作关系，采用先进的物流管理技术，以及优化库存管理，能够显著降低整个价值链上的成本。

企业可以通过扩大生产规模，实现规模经济效应，从而降低单位产品的固定成本。规模化生产不仅提高了生产效率，还增强了企业在供应链中的议价能力，进一步降低了原材料和零部件的采购成本。

企业还可以通过对生产流程、物料管理、人力资源等方面的精细化控制，减少浪费，提高资源利用效率。这种管理方式有助于企业发现并消除成本中的"水分"，从而在保持产品质量的同时，实现成本的有效降低。

2. 不断创新

企业必须保证产品质量，才能更有效地留住用户。为此，企业更要注重产品创新，以满足不同用户群体的需求。通过独特的设计、功能或服务，企业能够在激烈的市场竞争中脱颖而出，形成品牌特色，提高用户忠诚度。

企业也需要利用社交媒体、大数据等新技术手段，进行精准营销，提高营销效率。同时，通过线上、线下相结合的营销策略，拓宽销售渠道，吸引更多潜在用户，扩大市场规模，以降低成本。

在保持低价的同时，企业还通过增值服务、附加产品等方式，寻找新的盈利点。比如，提供定制化服务、制订售后保障计划等，以增加用户黏性，提高整体盈利能力。

3. 品牌建设

企业必须有明确的市场定位，针对价格敏感的用户群体，同时也可以通过低价策略建立更广泛的用户基础。企业需要深入了解目标市场的需求和竞争态势，制定符合市场定位的产品策略和价格策略。

品牌建设的关键在于塑造用户的认知。企业需要通过营销活动、用户服务等方式，向用户传递品牌的价值和理念，使用户感受到低价中的高性价比和独特价值。通过口碑传播和社交媒体营销，企业可以进一步提升品牌形象，提高用户的信任度和忠诚度。

低价模式的核心在于平衡用户剩余与企业盈利。为了给用户更多福利，企业就要通过精益管理削减成本，通过创新来实现差异化，以巩固品牌在用户心中"质优价廉"的形象，如此，用户才能对企业始终不离不弃。

免费模式：免费是"鱼"，增值为"渔"

在超市里，有免费试吃的活动；商场中，有可以免费体验5分钟的按摩沙发；在培训机构，也常推出免费试学的课程；在母婴用品店里，店铺还会推出免费的教学内容；科技新产品面市之前，都会举办供用户试用、体验的发布会……

生活中到处都可以见到免费模式。这是一种营销技巧，也是一种商业模式。所谓免费模式，就是企业通过提供某些免费的产品或服务吸引用户体验，然后通过其他渠道（如产品的高级功能、额外服务等）实现盈利。

免费模式的核心在于双赢。一方面，用户可以不花钱享受某些价值，而企业可以通过用户的参与和数据收集找到其他维度的盈利机会。另一方面，在企业实现盈利的同时，用户也享受到了更高的价值服务。也就是说，不管对用户还是企业来说，免费是"鱼"，增值是"渔"，授人以鱼的目标是为了授人以渔。

免费模式的实施通常基于两个基本假设。首先，市场上有足够多的用户为了获取免费的产品或服务而愿意接受某种形式的交换，比如，提供个人数据、观看广告、消费其他付费产品或者服务等。其次，当用户基数增加时，企业可以通过规模经济降低成本，并探索多元的盈利模式，如广告收入、增值服务、定制服务、数据分析及品牌推广等。

目前，市场上有以下四种常见的免费策略。

1. 体验型免费模式

体验型免费模式先通过免费试用来吸引用户，目的是让用户在体验过程中感受到价值，从而促成用户后续的购买或企业升级到付费版本。比如，各种软件提供免费试用期，或者健身房提供免费的体验课程等。

体验型免费模式的关键是用户享受到某种很有冲击感的体验，但自身短暂的免费体验没有得到满足，因此，用户会积极考虑付费内容。也就是说，免费体验的价值感知对于吸引和保留用户至关重要。因此，这种免费的产品或服务，不但需要保证一定的质量标准，而且要超越用户预期，使用户感受到强烈的刺激。

比如，一项免费课程因其提供了高维度的认知视角，颠覆了用户传统观念，并且配备了具体且可实施的落地方法，使得用户一经尝试便立刻见效，从而迫不及待地想继续购买该课程的后续内容。或者一项技术产品，因为突破了传统的生活模式，用户在体验过程中被震撼或被惊艳到，愿意付费购买。

2. 先免费后增值模式

在先免费后增值模式下，企业的基础服务或产品对用户免费，但其高级功能或增值服务需要用户付费。这种模式需要产品或者服务具有更强的功能，以更好地满足用户，并让其产生依赖。

比如，许多在线游戏提供免费游玩的基础权限，但游戏内的虚拟物品或高级功能则需玩家通过购买解锁。鉴于每个人都有放松娱乐的需求，游戏本身往往能激发人们的兴趣并使之产生一定的依赖感。当玩家沉浸其中，达到游戏乐趣的最高点时，他们可能会更加倾向于探索更多游戏内容，这时，游戏内的付费项目就可能成为他们进一步追求游戏体验的诱因。

再如，一些软件也采取了先免费后付费的模式，或提供有限时间的免费试用期，或提供免费的基础版本，或对免费用户设置使用限制，如交易次数、流量限制或功能限制等。用户如果需要软件的更多功能，就可以选择升级到付费版本。

这要求企业对市场有深刻的理解，包括用户需求、竞争对手的策略、自身的资源和能力等。企业需要精心设计免费产品或服务，确保它们能够吸引目标用户，同时创造足够的价值来吸引用户进一步消费。

3. 第三方赞助模式

在第三方赞助模式下，用户可以免费使用产品或服务，因为费用由第三方（如广告商）承担。这种模式常见于媒体和内容提供商，他们通过吸引大量用户来吸引广告商的投资。免费电视台、网络视频平台、新闻网站等常通过播放广告来支付节目制作成本。某些网站也会为用户提供免费的内容，然后通过广告收入来盈利。

4. 交叉补贴模式

交叉补贴模式，是指企业可以通过某个产品或某项服务的免费使用来吸引用户，从而带动其他产品或服务的销售。

随着技术的发展和市场环境的变化，免费模式也在不断演进。比如，随着大数据和人工智能技术的应用，企业能够更精准地分析用户行为，为用户提供个性化的免费产品和服务，从而提高用户的参与度和满意度。

无论是哪一种免费模式，企业的重点都是交换和吸引，通过免费交换信息，通过吸引留住用户。企业能创造的价值并非价值，只有用户认可的价值才是价值。

高价模式：高利润是建立自我身份的游戏

高价模式，也被称为高端定价策略。它与低价模式截然不同。这种模式的核心在于为用户提供高价值的产品或服务，通常伴随高品质、独特性、稀缺性和卓越的用户体验。高价模式的企业往往专注于特定的市场细分领域，针对那些愿意为高品质生活支付溢价的用户群体。

奢侈品行业是高价模式的典型代表。比如，路易·威登（Louis Vuitton）、香奈儿（Chanel）、爱马仕（Hermès）等。这些品牌通过提供设计独特、品质卓越和稀缺的产品，成功地吸引全球范围内的高端用户；通过限量发售、定制服务和高端的零售环境，强化用户的购买欲望和品牌忠诚度。

奢侈品价格高不仅仅是因为其材料成本高，更多的是因为品牌代表的生活姿态、身份地位更高端。因此，高价模式的商业逻辑建立在一个关键因素上：目标市场必须是那些对品质、品牌、地位和个性化有更高追求的用户。这类人群通常经济实力雄厚，有足够的财力去追求精致的生活，而且对品质、设计和品牌故事有着深刻的理解和独到的见解。这就要求品牌在打造产品稀缺性和服务时更加专注，以确保产品在质量、设计、创新和用户体验等方面都能满足甚至超越高端用户的期望，才可能获得用户对品牌的拥护。

比如，为了打造产品的稀缺性，路易·威登的时装皮具部门坚持全直营模式，严格控制分销渠道，以维护品牌的稀缺性和体验的排他性。

除此之外，品牌还需要通过有效的品牌建设和营销策略，塑造独特的品牌形象，强化用户对品牌价值的认可。一个强大的品牌故事能够增加产品的附加值，使用户愿意为品牌背后的文化和价值观买单。

以茅台酒为例，其品牌故事源远流长，它起源于1879年的"荣太和烧坊"，这种酒以其精湛的酿造工艺和精选的原料而闻名，包括使用高粱和小麦，经过一系列烦琐的步骤，如多次蒸煮、发酵和取酒，整个生产过程需要一整年的时间。此外，茅台镇位于赤水河畔的河谷中的独特地理位置，为酿酒微生物提供了理想的环境，赋予了茅台酒独特的风味。茅台酒的香气丰富而复杂，这些香气都是在自然发酵过程中产生的，不添加任何外来香料，使得其香味浓郁而不失优雅。这些特点共同塑造了茅台酒作为高品质白酒的声誉。

高利润的奢侈品消费是一场建立和巩固个人社会身份的游戏。用户通过购买这些高价商品，不仅拥有了一件物品，更是加入了一场关于品位、财富和成就的社会对话。这种消费不只是商品交易，它还代表一种生活方式和社会认同的选择。奢侈品成了展示个人成功和独特身份的标志。这反映了用户对品牌背后文化和价值观的认同，他们通过购买行为进入更高端的社交圈层，享受品牌提供的专属体验和获得更广泛的社会认同。这个高端社交圈层可能为他们带来更好的生活体验，或者更高的经济价值，甚至更广阔的人脉资源和商业机会，从而在多个层面丰富和提升他们的个人生活及职业生活。

当然，并非只有奢侈品才采用高价模式。一些品牌凭借其独特的属性、前沿科技、研发实力或创新性，也会选择高价策略。这些品牌同样遵循基本的商业逻辑：满足那些对价值有更高要求的用户群体的需求，品牌能为其追求高品质生活带来独特的价值和体验。

品牌要想成功实施高价模式，关键在于以下两个核心要素。

1. 独特的品牌定位

高价模式往往伴随着独特的品牌故事和形象。企业通过塑造一个强有力的品牌形象，使用户认同品牌背后的价值和文化。这种定位往往与品牌的历史、工艺、创新或者独家技术紧密相关，从而为其高价格提供了佐证。

2. 卓越的产品品质和创新

高价产品必须确保其卓越的品质和持续的创新，这是用户愿意支付高价的关键因素。产品需要提供独特的价值主张，如更好的材料、更先进的技术、更出色的设计或者更优化的使用体验。这种差异化的产品策略能够吸引那些寻求高品质生活的用户。

高价模式要求企业在产品品质、品牌建设和市场策略上进行持续的投入和创新。对于那些能够成功实施高价策略的企业来说，这不仅意味着更高的利润空间，还代表着品牌价值和市场地位的确立。但不管怎样，企业都需要对市场变化保持敏感，不断适应用户的需求和偏好，以维持其在竞争激烈的市场中的领先地位。

长尾模式：释放小众市场的隐藏价值

　　"长尾理论"是由《连线》杂志的主编克里斯·安德森在2004年首次提出的。他观察到，在智能终端和互联网传播普及的背景下，企业服务的用户越多，其营销、交易和服务成本就越低。市场上过去因需求低而被忽视的用户，他们的需求虽然小众，但总量庞大，他们形成了市场的"尾部"。得益于成本的降低，企业能够向这些新用户提出定制化的价值主张，从而激活长尾市场，进而获取更多的市场份额。这就是长尾理论。

　　具体来说，在传统市场中，少数的热门产品往往能够占据绝大部分的市场份额，而大量的非热门产品则只能分享剩余的小部分市场。然而，长尾理论的一个重要前提在于，当商品的储存、流通和展示渠道变得足够宽广，且商品的生产成本和销售成本因技术进步而急剧下降时，情况就会发生变化。此时，这些原本被视为非热门的产品，由于数量的庞大和需求的累积，其共同占据的市场份额有可能与热门产品相当，甚至在某些情况下还会超过热门产品。因此，长尾理论不仅揭示了市场结构的变化，还为企业提供了新的市场机遇和战略选择。

　　所谓长尾商业模式，是指通过互联网平台，利用规模经济和数字化技术，满足大量小众市场的需求，这些需求加起来可以形成一个庞大的市场，与少数热门产品相比，其市场总和往往能带来可观的收益。简单来说，就是"小需求，大市场"。

　　比如，在线教育平台汇集了各式各样的学习材料，从广泛流行的学科到鲜为人知的专题讲解，为广泛的学习者提供了丰富的选择。这些资源涵盖视频讲座、互动式学习模块、电子书及线上研讨会等形式，构建一个内容广泛的在线学习资源集合。这样的资源库使学习者能够依据个人兴趣和学习目标挑选适合的课程，展现了教育资源呈现的长尾现象。

很多企业都会通过扩大选择范围来吸引并服务小众市场，以实现经济效益。比如，Spotify和Netflix通过提供海量的音乐和影视作品，迎合了用户的多元化需求，并通过订阅和广告获得收益。

企业要想构建长尾模式，需要注意以下四点。

1. 利用数字化平台降低成本

长尾商业模式依赖互联网平台，因为数字化大幅降低了存储成本和分销成本，使企业能够以高效率服务广大而分散的用户群体。在长尾市场中，平台的作用至关重要。它不仅联结生产者和用户，还通过数据分析和智能推荐等方式帮助用户做出购买决策。因此，企业在构建商业模式时，需要注重平台的开发和维护，以提供更好的用户体验和服务支持。

2. 尾部需求到头部需求的动态转变

尾部用户的需求多元而不固定，很多时候，企业有效地满足尾部这些分散的小众需求后，会使得原本的小众产品逐渐成为市场上的主流选择。

以音乐市场为例，一些风格小众的音乐产品满足的是尾部需求。随着数字音乐平台的兴起，这些小众音乐被扩散到全世界。随着听众群体的不断扩大，一些小众音乐可能会逐渐流行，并最终成为市场上的主流音乐，实现了从长尾需求到头部需求的转变。

这一过程体现了长尾效应的动态变化，也展示了市场多样性和用户需求的演变。

在面对市场的不确定性时，长尾模式不侧重寻求预测或紧跟市场变动，而是构建一个开放的平台，让用户的自然行为和选择来推动市场向前发展。通过这种方式，企业能够顺应市场需求的自然演变，同时自然而然地实现盈利。

3. 建立有效的过滤器

在长尾市场中，由于商品和服务的种类繁多，用户需要有效的工具来发现和选择适合自己的产品。因此，企业需要提供强大的搜索引擎、推荐系统及用户评价系统，以帮助用户在海量选项中找到自己需要的产品。

4. 管理好边际成本

长尾理论的成功依赖于边际成本的控制。在长尾市场中，产品种类的增加不应导致成本的大幅上升。比如，Google通过算法降低人工管理成本，使得其能够以较低的成本提供大量的广告服务。

长尾模式作为一种新兴的商业模式，正在改变企业的运营方式和市场格局。它通过积少成多的小额收入，实现了企业的持续盈利和市场的广泛覆盖。然而，企业在选择和应用长尾模式时，需要考虑自身的实际情况和资源条件，并不断调整战略以适应市场环境的变化。只有这样，企业才能在竞争激烈的市场中保持领先地位。

定制模式：你就是我的独一无二

随着互联网的普及和电子商务的兴起，用户开始追求更加个性化、差异化的产品和服务。这种需求推动了定制模式的快速发展，使其成为现代商业中的重要组成部分。

所谓定制模式，是指用户可以根据自己的喜好、需求和预算，提出对产品设计生产的建议，并最终得到独一无二的产品的商业模式。定制模式的主要特点是个性化，无论是产品的外观、功能、材质还是附加属性，都极具独特性。它强调的是企业对每一个用户的尊重，这种独特性会使用户在购买过程中获得更高的满足感和成就感，从而提高了用户的忠诚度和满意度。

定制模式通过模块化设计、自动化生产等方式，实现了生产效率和资源利用率的双重提升。这种高效的生产方式有助于降低企业的成本和环境负担，实现企业的可持续发展。同时，定制模式还能使企业在市场上树立独特的品牌形象和口碑。这种差异化竞争策略有助于企业在激烈的市场竞争中脱颖而出，提高企业的市场竞争力。

要想更好地满足用户的需求，企业在实施定制化模式的过程中还要注意以下三点。

1. 让用户积极参与其中

定制模式强调用户与企业的互动。企业必须保证沟通的顺畅性，在产品设计、生产等环节中，都可以使用户与企业进行充分的沟通和交流。对于用户提出的意见和建议，企业要积极回应。企业的目标，是让用户参与进来，以用户的需求带动设计和生产，同时还能强化用户的独特性。

比如，乐高通过其"乐高工厂"项目，允许用户在线设计并订购个性化的乐高套件，从而增强了用户的参与感，拓宽了产品线。用户可以利用专门的设计软件，从数千种组件和颜色中选择，创造独特的乐高模型，甚至设计自己的包装盒。此外，乐高还通过LEGO Ideas平台进一步提高用户的参与度，让用户提交并或投票选出好的创意，成功的创意有机会被生产并全球发售，提交者还能获得销售分红。乐高还通过认证专家项目、玩家团体和创意社区等活动，建立一个用户共同参与的生态系统，让用户成为创意的提供者和品牌建设者，为玩具行业提供了新的商业模式。

企业让用户积极参与不仅有助于定制模式的顺畅运作，还能增强用户对品牌的忠诚度，因为他们在产品开发和设计过程中的直接参与，使得最终的产品更贴合他们的需求和期望。用户的这种参与感和成就感可以转化为强大的用户黏性和良好的品牌口碑。

2. 促进创新和产业升级

定制模式满足的是用户个性化的需求，这会使用户的消费需求越来越多元化，市场维度也得到不断拓展。这就需要企业具备快速调整产品设计和生产流程的能力，以确保企业能够及时响应用户的个性化需求。

这种以用户需求为驱动的创新增强了企业的市场适应性，提高了市场竞争力，同时，这种基于用户参与和反馈的创新实践，还能促进整个行业的技术革新和产业结构的优化升级。

比如，青岛酷特智能股份有限公司通过应用大数据和互联网技术，成功打造了服装个性化智能制造的新路径。该公司实施大规模个性化生产，通过实时数据分析快速生成符合用户尺寸的服装板型，不仅提高了生产效率，还减少了库存。酷特云蓝采用的"三点一"量体法能迅速采集用户尺寸，确保定制的精确性。此外，酷特云蓝App还通过自主研发的在线定制直销平台C2M，实现支持多品类产品的个性化定制，不仅增强了用户的参与度和满意度，还推动了服装行业的技术革新和产业升级。

要想构建定制模式，企业就必须突破技术瓶颈。比如，如何实现大规模定制化生产、如何保证产品的一致性和稳定性等。只有保持技术革新，产业升级，企业的市场份额才能实现稳定的增长。

3. 优化供应链和库存

在实施定制化模式时，企业面临的挑战很多，其中包括但不限于生产周期的延长、多样化需求和产品变种的管理，以及供应链的复杂性增加等。为了解决这些问题，企业可以采取以下一系列措施：企业通过实施多元化采购策略，增强供应链的灵活性和抗风险能力；通过采用模块化生产方法，提高生产线对多样化需求的适应性，减少产品切换时间；利用快速换模技术，加快生产切换，提升生产效率；通过供应链协同工具，实现库存水平的实时监控和优化，减少库存成本；引入智能化库存管理系统，如利用机器学习预测需求，自动调整库存，提高库存周转率和减少库存积压风险。这些措施有助于企业在保持供应链流畅的同时，有效管理库存，满足个性化定制的需求。

智能化生产是制造业发展的必然趋势，定制模式作为其重要的组成部分，必将随之拥有巨大的发展潜力和市场前景。随着技术的不断进步和市场的不断变化，定制模式将不断发展和完善，为用户提供更加优质、个性化的产品和服务。

爆款模式：滞销的不是产品，而是模式

在当今的商业环境中，爆款产品随处可见，它们不仅占据了市场的主导地位，还引领了用户的购买潮流。爆款之所以成了爆款，并非其内在的流行性，只是因为好的商业模式将其推到了潮流前沿。同样，产品的滞销可能并非产品质量不好或功能不足，而是销售策略、市场定位或营销模式的缺失与不当。因此，要想打造爆款产品，企业就要学会打造爆款商业模式。

所谓爆款模式，是指企业通过精准的市场定位、独特的销售主张和高效的营销策略，将某一产品打造成市场上的明星产品，从而提高整个品牌的销售额和知名度。

打造爆款模式，需要具备以下两大核心要素。

1. 打造具有吸引力的产品

在竞争激烈的市场环境中，一个产品要想成为爆款，首先其必须具备极致的吸引力。这种吸引力源于产品本身的高品质、独特性以及它能带给用户的超预期体验。具有极致吸引力的产品不仅仅是满足用户的基本需求，更是超越用户的期待，触动他们的情感，甚至改变他们的生活方式。它可能拥有创新的设计、卓越的性能、精湛的工艺，或者是对某一细分需求的精准把握。这样的产品能够迅速吸引用户的注意，激发他们的购买欲望，并引发用户的口碑传播。

这类产品的成功并非偶然，而是企业深入洞察市场需求、精准定位用户偏好，并投入大量资源进行研发和优化的结果。

比如，雀巢Nespresso胶囊咖啡机就凭借操作简单、咖啡品质优越及多元的咖啡胶囊选择，在全球范围内赢得了用户的喜爱。用户只需轻轻一按，就可在家中或办公室享受与咖啡馆相媲美的香浓咖啡。其设计简约、小巧，可以完美融入家庭客厅、办公空间等环境。更令人赞叹的是，雀巢Nespresso还提供各种不同口味的咖啡胶囊，可以满足不同用户的个性化需求。因此，胶囊咖啡机一上市，就吸引了用户的青睐。

一款产品之所以能够成爆款，关键在于它们具备独特的吸引力，这种吸引力包括但不限于创新的设计、先进的技术、超过预期的体验感、独特的价值主张、产品差异化等。这类爆款产品一般都能够引领市场趋势，成为行业内的标杆，还自带传播属性，使用过产品的用户会主动替品牌做宣传，形成口碑效应。这通常需要企业在产品上市前进行充分的市场测试，确保产品质量和性能能够满足用户的期望。

2. 形成病毒式传播

爆款模式的另一个核心是形成病毒式传播。在数字化时代，信息的传播速度之快、范围之广前所未有，这为产品的快速推广提供了无限可能。一款产品如果能够激发用户的强烈兴趣和情感共鸣，就可能迅速在社交网络上被广泛传播，形成所谓的"病毒式传播"效应。

病毒式传播模式，也叫裂变式传播机制，利用社交媒体、短视频平台等新媒体渠道，通过有趣、有料的内容大范围吸引用户的关注，并鼓励用户自发地分享、转发，从而实现信息的病毒式扩散。这种传播方式不仅能够迅速地提高产品的知名度，使产品成为爆款，还能够在用户心中建立强烈的品牌认同感。

比如，一些热门的移动应用或在线游戏，通过创新的游戏机制和社交分享功能，鼓励用户邀请朋友一起参与，从而实现了用户基数的快速增长。

病毒式传播的关键在于创造有传播力的内容，如独特的品牌故事、有趣的互动体验，或者提供一些有价值的用户福利，激发用户的分享欲望。同时，企业还需要利用数据分析和用户反馈，不断优化传播策略，以确保信息能够精准地触达目标用户，并引发广泛的共鸣。

需要注意的是，在爆款模式的打造中，产品无疑占据着举足轻重的地位。好的产品是爆款模式成功的基石，企业应始终将产品放在首位，致力于打造具有吸引力的极致产品，为裂变式传播奠定坚实的基础。

比如，在某短视频平台，苏绣团扇、枣泥卷等销量暴增，成了名副其实的爆款产品。这主要得益于中式审美回归及"非遗"文化的复兴。年轻用户更加注重产品的个性化和文化价值，他们更愿意为符合自己审美和价值观的产品买单。苏绣团扇和枣泥卷的成功，不仅在于其卓越的美感和品质，更在于它们结合了市场需求和用户体验。

这种从消费端到产品端的倒推方式，使得产品更容易被市场接受并广泛传播，从而具备爆款的属性。另外，符合市场需求的产品，也更容易被用户进行病毒式传播。

爆款模式的成功在于其能够精准地抓住用户的需求和偏好，通过精准定位目标市场、注重产品创新、优化营销策略、加强供应链管理和利用数据驱动决策等策略，企业可以打造更加成功的爆款模式，从而推动自身产品销售额的增长。

佣金模式：通过抽成实现盈利

我们经常会遇到一些职业的从业者，他们的收入主要依赖于通过为客户提供服务而获取佣金。比如，房地产经纪人通过促成客户房产买卖或租赁交易，从交易金额中抽取一定比例作为佣金报酬；金融顾问和保险代理人则基于客户购买的投资产品或投保的保险方案，从相应机构获得佣金收入。

这就是佣金模式。在这种模式下，允许企业或个人通过从特定交易或服务中抽取一定比例的收入来获得利润。随着互联网的深入发展，佣金模式已经成为许多行业的核心商业模式之一。比如，许多电商平台，如亚马逊、天猫、京东等，都是通过向商家收取一定比例的销售佣金来盈利。

佣金模式可以适用于多种场景，既包括企业作为佣金的收取方，也包括企业作为佣金的支付方。

1. 作为佣金收取方

在这种情况下，企业通过提供平台或服务，向用户或合作伙伴收取佣金。因此，企业需要明确自己的价值主张，即通过佣金模式能够为用户提供怎样独特的价值。明确价值主张后，企业需要进行市场定位，确定目标用户群体，并了解他们的需求和偏好。

比如，一家在线教育平台可能会将其价值主张定位为"为学生提供个性化、高质量的在线课程"，并通过与独立教师合作，从每笔课程销售中抽取一定比例的佣金作为收入。在这种模式下，平台需要深入了解学生的需求，以及教师的教学能力和风格，以确保提供的课程能够吸引学生并产生购买行为。

明确价值主张，进行市场定位是打造佣金模式的基础，因为它决定了企业的产品或服务将如何满足市场需求，以及佣金模式的具体形式。

通常，佣金模式涉及三方主体：一方是作为中介或平台方收取佣金的角色，它构建了联结其他两方的生态系统；第二方是支付佣金的一方，通常是平台上的销售方或服务提供者；第三方则是平台或生态上的使用方，即最终用户或服务对象。

佣金比例的设置对支付佣金的一方的成本结构有着直接且显著的影响，这种影响会进一步渗透至最终产品或者服务的定价上。若因销售方或服务提供者的佣金比例设置得过高使定价过高，很可能导致用户产生抵触情绪，甚至选择离开平台，转而寻找其他性价比更高的选项。

因此，设定合理的佣金水平对于收取佣金方的持续发展至关重要。但是，这并不意味着，佣金越低越好。

比如，两个提供在线服务的平台，一个平台以交易金额的5%作为佣金，另一个平台则以交易金额的8%作为佣金，但后者同时拥有一个庞大且活跃的用户市场。尽管8%的佣金比例看似更高，但由于其用户市场的丰富性和活跃度，支付佣金的一方在该平台上往往能够获得更高的整体效应，包括更高的曝光率、更多的潜在用户及更广泛的品牌影响力。因此，在这种情况下，支付佣金的一方可能会更倾向于选择高佣金但具有高附加值的平台。

这充分说明在佣金模式中，单纯的佣金比例并不是决定企业选择的唯一因素。只有将佣金与价值相结合，才能真正吸引付佣金的一方。

2. 作为佣金支付方

企业需要设计合理的佣金结构和激励机制。

（1）设计佣金结构。它包括：佣金的计算方式，如基于销售额的百分比、固定金额或业绩阶梯式抽成等；佣金的支付周期，如按月、按季度或按年支付；佣金的支付条件，如达到一定的销售目标后才支付佣金。合理的佣金结构能够激励销售团队或合作伙伴积极推广产品或服务，从而提高整体销售额。

比如，一些内容创作平台的佣金结构通常分为三级。一是基础佣金。对于新加入的内容创作者实行，这有助于降低平台的初期成本，并为创作者提供一个稳定的收入来源。二是阶梯式激励。创作者的内容点击量和用户互动数据增加后，能够获得更高的佣金率时，就能激励创作者提高内容质量和互动率，以获得更多的收益。三是额外奖励，目的是激励创作者在特定活动或项目中表现突出。

（2）建立有效的支持和激励机制。为了确保佣金模式的成功实施，企业还需要建立有效的支持和激励机制。

比如，短视频平台不但会为内容创作者提供佣金服务，而且会为内容创作者提供各种额外的奖励；根据短视频的播放量和用户互动数据，对优质内容给予流量分成奖励。视频播放量越多，点赞、评论、分享等使用者的互动行为越频繁，内容创作者获得的流量分成收益就越高；平台还会与品牌合作，邀请优质创作者制作短视频推广品牌产品或服务。通过此种合作模式，内容创作者可获得品牌方支付的创作报酬。另外，直播打赏会直接转化为实际收益计入内容创作者的账户。

不管作为收取佣金的一方，还是支付佣金的一方，使用佣金模式的重点都是价值合理性。在提供有价值的服务和支持的同时，企业要设定公平、合理的佣金比例，以实现各方共赢的局面，即推动整个业务生态繁荣发展，这样身处其中的各方自然都会获利。

第6章

运营模式：优化流程管理，提升运营效率

运营模式的优化是企业提升效率、增强竞争力的核心。每一种运营模式都旨在通过流程管理的精细化和运营效率的提高，推动企业的稳健前行，以有效应对市场的挑战。

直销模式：跳过中间商，提供卓越的购物体验

直销模式是一种相对传统的商业模式。互联网时代，直销模式的路径更加通畅。制造企业可以直接搭建自己的网站、移动应用程序，与用户直接进行交易。同时，互联网的发展也为直销模式带来了更多机遇。

比如，O2O模式通过互联网平台将线下的商品或服务信息展示给用户，并引导用户到线下进行消费体验，实现了线上、线下的无缝对接。这种模式不仅提升了用户的购物体验，还促进了直销的发展。

此外，F2C（Factory To Customer，从厂商到用户）模式使得工厂或品牌厂家能够直接面向用户销售产品或服务，省去了传统零售渠道中的中间环节，降低了成本，提高了效率。这种从工厂到用户的直销模式，让用户能够享受到更优惠的价格和更高质量的产品。

同时，C2M模式则从用户需求出发，通过大数据分析等手段，精准预测市场需求，从而指导生产厂商进行定制化生产。这种模式不仅满足了用户的个性化需求，还使得销售更加有的放矢，提高了销售效率和用户满意度。

可以看出，直销模式的优势也非常明显。首先，它能够减少中间环节，降低产品成本。其次，企业可以直面用户，给他们更好的价格，并了解他们的需求，从而更好地调整产品策略和服务。

搭建直销模式可以分为店铺直销模式和非店铺直销模式两大类。这两类直销模式都有其独特的注意事项和实施策略。

1. 店铺直销模式

店铺直销强调线上、线下的融合，这意味着企业需要在实体店铺和线上平台之间建立无缝衔接的购物体验。同时，在品牌建设方面，企业应注重塑造独特的品牌形象，通过高质量的产品和服务来吸引和保留用户。另外，企业还要学习一些社群营销的技巧，通过建立品牌社群，企业可以直接与用户建立联系，促进社交化销售，增加产品的吸引力。

案例回放

蔚来汽车是中国的高端智能电动车制造商，其直销模式独具特色，实现了线上、线下的完美融合，并深耕社群营销。在线上，蔚来汽车通过官网、App和社交媒体展示车型、提供咨询和预订服务，方便用户随时了解并下单。在线下，蔚来汽车在全国多地设立了NIO House，这不仅是汽车展示场所，还是用户社交活动社区，提供咖啡、阅读及儿童娱乐设施，让用户到展厅体验并享受优质的品牌服务。

蔚来汽车不仅注重产品质量，更在品牌建设和社群营销上下足功夫。通过创新的电池更换技术和能量服务，蔚来汽车提升了用户体验。同时，蔚来汽车还通过举办赛道体验、用户见面会等活动，增强品牌吸引力。蔚来汽车App作为用户社区的核心，让用户分享体验、参与讨论，并鼓励用户自发组织活动，而蔚来汽车则为用户提供资源支持，这种共建模式极大地提升了用户的参与度及其品牌忠诚度。

2. 非店铺直销模式

非店铺直销模式主要为人员直销模式。人员直销模式依赖于建立专业的销售团队，生产商或服务提供商需要建立一支专业的直销团队，包括直销人员、培训师、管理人员等。直销团队需要具备良好的沟通能力、销售技巧和服务意识，以便更好地为用户提供产品和服务。最关键的是，非店铺直销模式需要直销人员能根据用户的需求和偏好提供个性化的产品或服务。这就需要直销人员愿意和用户进行反复沟通，明确其需求，再为他们推荐适合的产品或服务，从而使用户获得较高的价值感。

在互联网时代背景下，一些企业革新了直销模式，将直销人员视为一个个独立的"微型店铺"，赋予他们前所未有的自主权与丰厚福利，以此激励他们将直销工作转变为个人事业，从而激发他们的积极性和创造力。这种直销模式实质上更接近于一种创业形式，即直销人员不仅销售产品，更在过程中扮演着品牌大使的角色，他们深度融入市场，与用户建立紧密的联系，甚至成功地将部分用户转化为新的直销人员。

用户转变为直销人员后，凭借其作为用户的第一手体验与洞察，能够更加精准地把握市场需求，提供个性化的服务建议。这种身份的转变赋予了他们独特的优势，使他们不仅能够满足用户的基本需求，还能基于对产品深入的理解，自发挖掘并推广产品的附加价值和创新用法，这些往往超出了产品设计的初衷，为广大用户带来了意想不到的惊喜和便利，进一步强化了品牌与用户之间的情感联结，并且提高了用户的忠诚度。

总之，直销模式凭借其独特的创业激励与深度的用户参与，不仅在互联网时代焕发出新的活力，还成了联结优质产品与广大市场的坚实桥梁，不断推动商业生态的迭代与优化，引领未来商业发展的新趋势。

快销模式：快速响应市场，热销又常销

市场上总有一些产品使用寿命较短、消费速度较快、用户需求高。对于这类产品，企业就可以采取快销模式。

快销模式，其全称为快速消费品模式，是针对非耐用商品的商业运营模式，其特点是产品周转速度快、消费频率高、产品更新换代快。

快速消费品覆盖的范围很广，包括但不限于：饮食类，如零食、饮品饮料、方便食品等；个人护理用品类，如洗发水、肥皂、牙膏、化妆品等；卫生用品类，如纸巾、卫生巾等；非耐用消费品类，如电池、清洁剂等。

企业要想搭建快销模式，需要关注两个核心要素，以确保产品能够迅速地触达用户，并满足市场需求。

1．强大的供应链和物流体系

快速消费品的特点是高周转和高流通性，因此一个高效的供应链和物流体系是搭建快销模式的基石。

快销企业需要建立一个灵活且响应迅速的供应链，以确保产品能够快速从生产线到达零售点。这需要企业与供应商建立紧密的合作关系，实现原材料的及时供应，以及通过精益生产减少浪费及提高效率。

有效的库存管理也是确保产品供应不间断的关键。快销企业通常采用先进的库存管理系统，如JIT（Just In Time，准时制生产方式）即时库存系统，以减少库存成本，并提高响应速度。同时，快速的物流配送能力对于快速消费品至关重要。企业需要建立或合作高效的物流网络，确保产品能够迅速分发到各个销售点，满足用户的即时需求。

比如，一家全球知名的食品品牌，其番茄沙司一度在某些新兴市场遭遇滞销。为了扭转局势，这家企业着手优化供应链，构建灵活的本地化生产和采购网络，降低对单一供应商的依赖，并加速对市场变化的响应。同时，公司投资于物流基础设施，建立区域配送中心，优化配送路线，确保产品迅速送达用户手中，减少损耗。此外，这家企业还密切关注市场和用户反馈，及时调整产品配方和包装，以满足不同地区用户的口味偏好，这种本地化策略大幅提高了品牌的竞争力。

2. 营销和品牌建设

快速消费品的用户决策过程较短，品牌影响力在用户的购买决策中扮演着重要角色。因此，构建强大的品牌和有效的营销策略是快销商业模式的一个核心要素。

清晰的品牌定位能够帮助快速消费品在竞争激烈的市场中脱颖而出。企业需要根据目标用户群体的需求和偏好，塑造独特的品牌形象和价值主张。

案例回放

农夫山泉作为中国的矿泉水龙头企业，其品牌建设堪称典范。从品牌定位到广告宣传，农夫山泉都做得十分出色。其最典型的"农夫山泉有点甜"广告语深入人心，"我们不生产水，我们只是大自然的搬运工"这则广告语更使农夫山泉成功地在用户心中树立了安全、自然、环保的形象。这一品牌形象不仅与农夫山泉的产品特性紧密相连，还与年轻人对大自然及悠然生活的向往不谋而合。有一段时间，年轻人甚至用"农夫，山泉，有点田"这一网络梗来表达对自然生活的向往，反映了农夫山泉品牌形象与年轻人价值观的高度契合。

除此之外，快销企业通常还要采用多渠道营销策略，包括线上广告、社交媒体营销、线下促销活动等，以提高品牌的知名度和市场占有率。同时，快销企业利用数据分析来优化营销活动，提高投资回报率。

案例回放

食品饮料企业元气森林巧妙地利用微博、小红书、抖音等社交平台，积极与年轻消费群体互动，通过与网红和KOL携手合作，激发了大量用户生成内容（UGC，User Generated Content），显著提升了品牌的曝光度和市场影响力。同时，元气森林还积极尝试跨界合作，将品牌与游戏、动漫等热门文化元素相融合，推出限量版的产品，这些创新举措极大地拓宽了品牌的受众范围，并引发了广泛讨论。同时，元气森林还频繁举办线下活动和快闪店活动，使用户深入体验产品，进一步加深品牌与用户之间的紧密联系。

建立和维护与用户的良好关系对于快速消费品至关重要。企业还可以通过CRM（Customer Relationship Management，用户关系管理系统）收集用户数据，进行市场细分，为用户提供个性化的营销和服务，从而增强用户的忠诚度。

在快速消费品的激烈竞争中，唯有那些能够迅速捕捉市场脉动、持续创新并满足用户需求的品牌，才能既热销又常销，实现持续的市场领导力。

区域集中模式：集中资源，深耕本地

面对广阔的市场，以及不同地区的市场特性、用户行为和竞争环境存在显著的差异，企业实施区域化策略，可以更有效地满足当地市场需求、增强用户品牌忠诚度及优化运营效率。这就要求企业引入区域集中模式。

区域集中模式是一种战略性的市场布局策略，它是将企业的资源、营销能力和商业活动集中在特定的地理区域，以实现产品深度的市场渗透和提高品牌在当地的影响力。

案例回放

美国快餐连锁品牌In-N-Out Burger自成立以来，便专注于美国西海岸市场，尤其是加利福尼亚州、亚利桑那州、内华达州和犹他州。这种地理集中策略不仅能让它更有效地控制供应链和运营，还确保了食材的新鲜度和质量。凭借在特定区域内的高品牌知名度和忠诚度，In-N-Out Burger无须大规模营销活动，即可维持高销售额。其菜单和品牌形象与西海岸的休闲生活方式相契合，增强了用户的品牌认同感。同时，业务集中使得In-N-Out Burger公司能快速响应市场变化和用户反馈，及时调整产品和服务。尽管以区域集中著称，In-N-Out Burger也采取了谨慎的扩张策略，逐步向邻近州拓展，并始终保持对食品质量和用户服务的高标准。

在全球化竞争日益激烈的今天，区域集中模式为企业提供了一个灵活且高效的解决方案，即深耕细作某些区域市场，实现可持续的发展。

区域集中模式尤其适用于与地理位置紧密相关、受文化或消费习惯影响较大的产品，如地方特色食品、农产品和海鲜、定制化产品（如家具、服装）、文化艺术品、高物流成本产品（如建筑材料、大型机械设备）以及环保和可持续产品（如环保包装材料）。这些产品通常与当地文化紧密相连，或需要快速响应以保持新鲜度，或需根据用户特定需求进行定制，或涉及高物流成本及回收便利性，因此，在特定区域内集中销售和管理能更有效地满足市场需求。

区域集中模式的核心是集中资源，深耕本地，这主要体现在以下三方面。

1. 市场定位本土化

企业在构建区域集中模式时，往往会首先选择自己最熟悉、拥有深厚市场基础的地域作为起点。这样的选择让企业能够深入洞察本地用户的生活习惯、价值观及消费偏好，从而更精准地设计产品，确保它们与用户的需求和期望高度契合。

案例回放

文和友是一个以长沙为核心市场的本土餐饮品牌，主打市井文化和地方特色美食。品牌创立之初，文和友将全部精力集中在长沙市场，通过深度挖掘长沙的本土文化和饮食习惯，打造了极具地方特色的餐饮体验。其标志性的"超级文和友"项目，不仅是一个餐厅，更是一个融合了老长沙街景、市井文化和美食的综合体，吸引了大量本地居民和游客。文和友通过精准的市场定位和本土化运营，成功在长沙建立了强大的品牌认知度和

119

用户忠诚度。尽管其后续尝试向其他城市扩展，但长沙依然是其最成功和最具代表性的市场。

区域集中模式构建的重要一点是，企业能够深入挖掘并利用当地独特的文化元素，将这些元素融入品牌故事中，使品牌与当地文化产生深度共鸣。这种文化上的契合不仅增强了品牌的市场亲和力，还提升了品牌的文化内涵和独特性，使企业在激烈的市场竞争中牢固地扎根于本地市场。

2. 优化本地资源

在区域集中模式中，企业可以利用本地广阔的人脉和资源来优化供应链建设，使品牌故事更加生动、人才招聘更加精准，以及营销活动更加本地化。本地化的供应链可以减少物流成本，提高企业响应速度，而本地化的人才队伍则能更好地理解市场动态，提供更贴心的用户服务。此外，本地化的营销策略能够更有效地与用户沟通，因为它们更贴近用户的实际生活和文化背景。这种深度的本地化不仅有助于提升品牌形象，还能增强用户的信任和忠诚度。

3. 本地化与扩张并行

虽然区域集中模式强调在特定区域内深耕，但这并不意味着企业应该放弃扩张的机会。相反，企业应该在巩固本地市场的同时，积极寻求合适的扩张机会。本地化策略可以帮助企业在新市场中快速站稳脚跟，因为它们已经具备了理解和适应新市场的能力。通过在本地市场积累的品牌资产和经验，企业可以逐步扩展至其他区域，甚至国际市场，实现更广泛的市场覆盖。这种扩张策略需要企业保持灵活性和创新性，以适应不同市场的需求和挑战。

企业在使用区域集中模式进行扩张的过程中要非常谨慎，在确保品牌特色和文化内涵得以保持的基础上，逐步向周边或具有相似文化背景的区域渗透。

总的来说，企业区域集中模式根植于本土，并进行深耕细作，在确保本土文化精髓得以传承的同时，也要审慎地寻求扩张之路。同时，企业要避免过度扩张引发的品牌稀释，确保每一步都走得稳健有力。

全渠道模式：让销售无死角

全渠道模式，也叫多渠道模式，是指企业为了应对激烈的竞争，为了适应用户日益多样化的购物需求，会将多个销售和交流渠道整合为一个无缝互通的系统，为用户提供一致的品牌体验的商业模式。这种商业模式力图通过打通销售死角来提升企业的市场竞争力。

全渠道模式最大的特点就是无缝互通，没有销售死角。用户可以在不同渠道间自由切换，如从网上浏览产品，到实体店体验，最后通过移动设备完成购买。而且，企业线上与线下库存、订单、用户服务和营销活动等被整合在一起，以确保信息的一致性和实时更新。用户可以自由选择购物方式，而不会感到受限或不便。

案例回放

国货美妆品牌完美日记通过全渠道模式，覆盖淘宝、京东、拼多多在内的多个大型电商平台，以及微信、微博、小红书、抖音、快手、B站和知乎等社交媒体与内容平台，构建了一个多元化的品牌营销网络。在淘宝和京东平台，完美日记设有官方旗舰店，积极参与大型促销活动，吸引大量用户。在拼多多平台，完美日记则触及更广泛的用户群体，尤其是价格敏感型用户。在社交媒体和内容平台，完美日记通过官方账号、KOL合作和用户生成内容，与粉丝和用户进行深度互动，分享产品试用和美妆技巧，提升品牌影响力和用户黏性。

同时，完美日记在私域流量运营方面也表现得十分出色，特别是在微信平台，通过官方小程序开展游戏互动和会员服务，为用户提供个性化推荐和服务，进一步增强用户黏性。

企业全渠道模式打破了时间和空间的限制，打破了传统销售渠道的界限，为用户提供更加便捷、个性化的购物体验，使品牌能够覆盖更广泛的消费群体。因为企业能更加精准地捕捉用户的需求，进而能制订营销策略和运营计划，大幅提高企业的运营效率和管理水平，持续增强品牌的市场竞争力。

企业要想构建全渠道模式，需要在技术投入和组织协调等领域进行深入的考量和规划。

1. 技术投入

要想实施全渠道模式，企业需要在技术层面进行大量的投入，以支持信息系统建设和升级，满足全渠道运营的需求。

企业需要构建强大的中央信息系统，实现订单管理、库存同步、用户数据集成等功能，确保数据的实时更新和准确性；要引入先进的WMS（Warehouse Management System，仓库管理系统）和物流解决方案，实现库存的实时响应和调配；对员工进行数字技能和跨渠道服务能力的培训，以适应全渠道模式；要投资电子商务平台、移动应用、数据分析工具和云计算等技术，通过社交媒体和内容营销加强与用户的互动。

2. 组织协调

要想实施全渠道模式，企业需要在组织层面进行协调，确保不同渠道之间的利益协调、信息共享和决策的一致性。

这就需要企业制定明确的渠道政策，平衡各渠道之间的利益，避免内部竞争；要确保不同渠道间能够共享用户信息、销售数据和市场反馈，提供一致的用户体验和服务；建立跨职能团队，确保营销策略、产品开发和用户服务等方面的决策能够同步执行。

3. 拓展渠道

要想构建全渠道模式，企业需要不断地优化渠道布局和运营策略，同时积极开发新渠道，以拓展更广泛的用户群体。

首先，企业要确保现有渠道的稳定增长，通过数据分析和市场反馈不断优化渠道策略。其次，企业要与时俱进，积极开发小程序、短视频平台、直播带货等新兴渠道，以接触和服务更广泛的用户。最后，企业要建立健全的渠道体系，确保各个渠道之间的信息共享和协同运作，提升整体运营效率。

全渠道模式的核心在于实现品牌的全方位覆盖，通过不断拓展和整合各个渠道，实现对市场"铺天盖地"的覆盖，满足用户任何时间、任何地点、任何方式的购物需求。这种全覆盖的策略不仅增强了品牌的市场竞争力，还为用户提供了更加便捷和个性化的购物体验。

体验模式：超越消费，体验为王

体验模式不仅是一种关键的成功要素，还构成了一种前沿的商业模式，引领着企业不断升级转型，更加紧密地向用户靠拢。

体验模式，强调通过提供独特的体验来吸引和保留用户，从而实现用户的品牌忠诚度和市场份额的提升。在这种模式下，企业不再仅仅专注于销售产品或服务，而是创造了一系列的体验，使用户在享受产品或服务的同时，能够获得情感上的满足和记忆上的共鸣。

体验模式的核心在于提供卓越的体验。企业应围绕这一目标，致力于让用户在视觉、听觉、嗅觉、味觉及触觉这五感上都能获得极佳的享受，从而打造这种商业模式。

1. 体验设计和创新

企业需要通过市场调研、数据分析和用户反馈来深入了解目标用户群体的需求、偏好和行为模式，以确保自身设计出个性化、差异化的体验内容，并能让用户立体地感知产品或服务的优越性。

在数字化时代，企业还可以利用人工智能和大数据等技术手段，为用户提供更加个性化的体验。通过收集和分析用户的行为数据、偏好信息等，企业可以精准地了解用户的需求，并据此为用户提供个性化的产品和服务。

以酒店为例，企业可以通过用户关系管理系统收集用户偏好，包括房间温度、枕头类型和餐饮喜好等。当用户再次入住时，酒店的房间已根据其偏好提前准备好，这样就能为用户提供超出期望的个性化体验。此外，酒店还可以推出移动应用，让用户能轻松地办理入住和退房手续，同时通过应用控制房间内的智能设备，如灯光和温度，就能极大地增强住宿的便捷性和舒适度。当然，为了提供独特的文化体验，酒店也可以安排本地艺术家的现场表演和工作坊，让用户能够参与并体验当地的艺术和文化。

企业需要不断地创新体验的概念，发掘用户痛点，改进产品或服务，以满足用户的多样化需求。比如，企业可以通过改进产品设计、提升产品质量和功能性，增强用户的使用体验感；可以通过提供个性化的服务、建立与用户的互动机制，增强服务的互动体验；可以通过简化购买流程、提供多种支付方式、优化物流配送等方式，提升用户购买过程的便捷性。

这些个性化的体验模式不仅提升了用户的满意度和忠诚度，还为企业带来了更多的商业机会和发展潜力。

2. 体验的实施和交付

企业在设计体验之后，关键在于如何有效地实施和交付这些体验。体验的实施往往需要跨部门协作。从产品设计、营销推广到用户服务，每个环节都需要协同工作，以确保体验的一致性和连贯性。

另外，企业还需要利用适当的技术和工具来支持体验的实施，如移动应用、增强现实（AR，Augmented Reality）、虚拟现实等技术可以增强用户的互动体验。

员工是体验交付的关键，因此企业要对员工进行适当的培训，使他们能够理解体验的价值，并能够使员工在与用户的每一次互动中传递这种体验。

3. 体验评估和优化

要想打造体验模式，企业要不断地评估和优化体验，以确保自身持续满足和超越用户的期望。企业可以通过各种渠道收集用户的反馈，包括社交媒体、用户服务互动、在线评价等，以了解用户对体验的满意程度；同时分析用户数据和反馈，识别体验中的优点和不足，以及潜在的改进机会；并基于分析结果，不断改进和优化体验，以提升用户满意度和忠诚度。

在体验经济时代，企业不仅仅是在销售产品或服务，更是在销售体验。即使企业有成熟的其他模式，也可以嵌入体验模式，通过体验的设计、实施和优化，来吸引和保留用户，最终实现商业的成功和增长。

品牌模式：用品牌和用户交流

当提及麦当劳、肯德基、迪士尼这些名字时，几乎全球每一个角落的人们都能迅速联想到它们代表的品牌及其独特的魅力。这些品牌不仅跨越国界，深入人心，还成了各自领域内无可争议的佼佼者。它们之所以能够在全球范围内享有如此高的知名度和影响力，很大程度上得益于其背后精心构建和高效运作的品牌模式。

所谓品牌模式，指的是一种以品牌建设为核心的商业模式，它将品牌当成"虚拟资产"，强调通过创建和维护一个强大的品牌形象，向用户传达价值主张、情感联系和用户体验，吸引和保留用户，并通过在战略、技术、产品和营销等维度发力，强化品牌占据用户心智的能力、交易能力及对外扩张时的整合能力和复制能力。

案例回放

李宁品牌自创建之初，就深刻认识到品牌资产化与形象化的重要性。借助世界冠军李宁的个人IP，李宁品牌迅速崛起，并以"一切皆有可能"这一标志性口号成功打入全球市场。为了持续提升品牌价值，李宁品牌不断进行自我进化，展现出强大的市场适应力。为此，品牌进行重塑，更换了标识，并将广告语更新为"让改变发生"，这一转变不仅彰显了品牌从理念到行动的进化，还鼓励用户勇于突破，追求变革。

在发展策略上，李宁品牌聚焦核心品类，加大科技研发投入，提升产品竞争力。在营销策略上，李宁品牌融合国潮风尚与流行文化，强化了"中国李宁"品牌形象，快速占领年轻用户市场。同时，李宁品牌重视数字化与新零售转型，直面用户，保持市场敏感度。此外，李宁品牌还积极探索NFT和元宇宙等前沿概念。这一系列举措成功塑造了一个强有力的品牌形象，并向用户传递了清晰的价值观念和情感纽带，促进了品牌的迅猛成长和市场拓展。

品牌模式的重点在于通过品牌与用户进行互动交流。这就需要企业全面且深度地开发和利用品牌资源，始终紧密围绕用户的需求来推动品牌的持续进化。这样，品牌拓展至新市场时，就能够迅速获得认可并稳固地位；在面对商业变革时，就能顺势而为，通过不断创新实现长期且稳定的收益。

创建品牌模式有五个重点要素。

1. 品牌定位的精准化

品牌需要在用户心智中占据一个清晰的位置，它涉及明确品牌服务的目标用户群体和市场细分，以及品牌相较于竞品的独特卖点。品牌定位的精准化要求品牌深入了解市场需求，识别自身优势，并以此为基础塑造品牌的市场形象。这样的定位不但能让品牌在众多竞争者中脱颖而出，而且能够吸引并维系一群忠实的用户。

2. 品牌形象的个性化打造

品牌形象是用户识别和记忆品牌的关键，它通过品牌标识、标语和视觉设计等元素来体现。一个成功的品牌形象能够传达品牌的精神和理念，让用户感受到品牌的独特性和价值。个性化的品牌形象有助于企业在激烈的市场竞争中建立品牌辨识度，使品牌在用户心中留下深刻印象。

3. 品牌价值的深度传递

品牌价值是品牌和用户之间的重要纽带，它涵盖了产品的品质、服务的创新及企业的社会责任感等方面。品牌需要通过各种渠道和方式，持续不断地向用户传达品牌价值，并根据需求市场的变革而进行品牌进化，从而使品牌与用户的情感联系持续紧密。当用户认同品牌价值时，他们才可能成为品牌的忠实支持者，并愿意为品牌的产品或服务支付溢价。

品牌价值不仅仅是产品的质量或价格，更多的是品牌与用户之间情感联结的建立和维护。

4. 品牌体验的全方位优化

品牌体验是用户与品牌互动的直接感受，它包括产品使用、服务享受和品牌互动等环节。提供优质的品牌体验能够提升用户的满意度，增强他们对品牌的忠诚度。品牌需要不断创新，以吸引和留住用户。

5. 品牌传播的多渠道整合

在信息爆炸的时代，品牌需要利用多元化的传播渠道与用户进行有效的沟通。这包括传统的广告、公关活动，以及新兴的社交媒体平台等。通过整合这些渠道，品牌可以扩大其影响力，提高知名度和声誉。同时，品牌传播也需要注重内容的创意和互动性，以吸引用户的注意力，并鼓励他们进行品牌的传播。

品牌模式需要企业不断地与用户交流，与用户之间建立深厚的情感联系，这样品牌才能塑造独特身份价值，也才会持续得到用户的拥护。

第7章

融资模式：拓宽融资渠道，加速资本积累

　　企业要想实现可持续发展，就要不断探索和创新融资模式。多元化的融资场景可以为企业提供丰富的资金解决方案，满足不同企业的需求。

资本模式：利用杠杆效应战略布局

互联网时代为企业开辟了前所未有的发展空间，大平台、大生态已成为商业竞争中的重要版图。面对这样的竞争格局，新兴企业若仅依赖有限的自有资金，则会在激烈的市场竞争中举步维艰。特别是当数字化转型成为时代趋势，高科技如潮水般涌入商业领域时，企业仅凭原始的资本积累已难以满足企业发展的需求。

因此，资本模式就成了企业突破局限、加速成长的关键策略。同样，大平台、大生态也需要通过资本运作来不断拓展版图、巩固业务实力，获得持续性发展。

资本模式有广义和狭义之分。广义的资本模式，泛指所有拓宽融资渠道的商业模式。狭义的资本模式，也称作资本运作模式，是指企业通过资本运作来实现商业目标的框架或计划，它涉及如何利用资本的力量来创造价值、提供产品或服务，与用户互动及实现盈利。这种模式特别强调资本在企业经营中的作用，包括如何筹集资本、怎样配置资本、怎样投资和获取回报等方面。本书指的是狭义的资本模式。

具体来说，资本模式包括但不限于以下三种方式。

1. 并购重组

所谓并购，是指收购方以货币、有价证券或其他形式购买被收购企业的全部或部分股权或资产。企业可以通过横向并购扩大市场份额，也可以纵向并购控制供应链，或混合并购实现业务多元化。

　　所谓重组，是指企业制定和控制的、将显著改变企业组织形式、经营范围或经营方式的计划实施行为，包括股份分拆、合并、资本缩减（部分偿还）等。

案例回放

　　饿了么是用户庞大的外卖平台，而阿里巴巴集团是中国最大的电商平台之一。2018年，阿里巴巴集团以95亿美元的价格收购饿了么。从阿里巴巴集团的角度来看，此次并购不仅获得了饿了么在外卖市场的领先地位，还实现了与旗下平台的深度整合，提升了整体运营效率和服务质量，进一步巩固了阿里巴巴集团在生活服务和新零售市场的地位。从饿了么的角度来看，这一并购不仅为饿了么带来了强大的资金支持，还使饿了么借助阿里巴巴的技术、资源和品牌影响力，进一步提升自身的运营效率和服务质量。此次并购使饿了么在保持外卖市场领先地位的同时，也为其在新零售、本地生活服务等领域的发展提供了更广阔的空间和机遇，有助于饿了么实现业务的多元化、可持续的发展。

　　通过精准选择并投资具有潜力的新兴企业，一些大型企业不仅能够迅速扩大自身业务范围，还能在激烈的市场竞争中占据有利地位，实现资源的优化配置与价值的最大化。

　　并购重组资本模式的构建，需精心规划。首先，企业要确立清晰的并购策略与目标企业，随后开展详尽的尽职调查，评估潜在风险。其次，企业需设计恰当的融资与支付安排，并确保所有操作符合法律要求。在此过程中，文化兼容性、人员配置及税务规划也需要细致的考量，以确保并购的成功与整合的顺畅。

2. 出售式重整

所谓出售式重整，是指将企业中的核心资产或业务部分出售，用所得资金清偿债务，以保持企业核心业务的存续，避免重整失败。

案例回放

上海多鲜乐食品工业有限公司因财务困境而面临挑战。其位于工业园区的土地使用权及其在建工程因历史纠纷而未能竣工验收及产权证办理，资产价值无法充分发挥。为了应对这一困境，上海多鲜乐食品工业有限公司采取出售式重整策略，将核心资产注入新成立的子公司，并成功吸引外部投资者。通过与投资者协商，上海多鲜乐食品工业有限公司以合理价格转让新设子公司的股权，获得了清偿债务所需的资金。这一策略不仅盘活了公司资产，为债权人带来了较高的清偿率，还促进了地区产业升级，展现了出售式重整在处理困境企业资产时的有效性。

出售式重整是保持企业核心业务存续、避免重整失败、实现资产优化配置的重要策略。

3. 资本扩张与收缩

所谓资本扩张与收缩，是指根据企业发展需要，通过内部积累、追加投资或吸纳外部资源进行资本扩张，或剥离非核心业务进行资本收缩，以优化资本效率。

案例回放

星巴克在全球化扩张的过程中，通过内部积累和外部资源吸纳进行了资本扩张。比如，星巴克进入中国市场时，通过与当地企业合作，利用合作伙伴的市场知识和资源，快速扩张自身的门店网络。同时，星巴克也通过积累的资金进行新店的投资和市场开发，以实现规模效应。在某些地区，星巴克发现其门店密度过高或门店位置不够理想时，会选择关闭一些门店，这是对其资本结构进行优化的收缩策略。

市场环境多变，企业资本运作时须灵活应变，快速调整策略。资本扩张时，企业应保持财务稳健，避免财务危机；资本收缩时，策略也应与企业长期战略保持一致，并维护用户满意度和品牌忠诚度，确保对服务或产品的影响最小化。无论是资本的扩张还是收缩，都必须与企业的长期战略保持一致。这意味着每一次资本变动都应该为企业的长期目标服务。

在资本商业模式中，企业不仅要关注产品的生产和销售，还应重视资本的流动性和增值能力，通过资本运作来优化资源配置、扩大市场影响力和提升企业价值。通过有效的资本运作，企业可以超越传统的内生增长方式，实现快速的规模扩张和市场份额的提升。

众筹模式：众人拾柴火焰高

众筹模式是互联网时代一种新兴的以融资为核心的商业模式。它通过互联网平台，将项目或创意展示给大众，并吸引大众投资者以小额资金进行支持，从而帮助项目发起人筹集到所需的资金。众筹模式打破了传统融资方式的局限，降低了融资门槛，还为创意和创新项目提供了更多可能。

根据项目性质的差异，众筹模式可被划分为股权型模式、债权型模式、公益型模式及奖励型模式等。股权型众筹模式允许参与者通过购买公司股份的方式加入项目，与公司一同发展并有望在未来分享盈利；债权型众筹模式则类似于传统的借贷模式，即投资者提供资金支持，项目发起方承诺在规定时间内偿还本金及利息；公益型众筹模式则专注于推动社会公益项目，投资者不寻求物质层面的回馈，而是致力于通过支持这些项目来促进社会的正向发展；奖励型众筹模式则是最为普及的一种形式，投资者通过资金支持，可以获得项目发起方提供的实物商品或服务作为回馈。

构建众筹模式时，项目发起者首先要评估项目的性质、市场需求和目标受众，以确定众筹是否为合适的融资途径。明确众筹目标后，项目发起者须设计吸引人的回报机制（确保与项目特性和受众期望相匹配）。同时，项目发起者必须确保众筹操作合法合规，不存在法律风险。此外，项目发起者还要制定风险管理策略，以降低项目失败的可能性，保护投资者的利益。

比如，有人研发了一款智能健康监测手表，想要众筹创业。确定目标受众是中老年人群，产品具体功能有：心率监测、血压跟踪和紧急呼叫功能。随着人口老龄化程度的提高和人们健康意识的增强，这一产品满足了老年人日常健康监测和紧急求助的需求。从项目性质上看，它结合了可穿戴技术和健康管理，属于技术创新与日常生活需求的结合。为了吸引这一特定人群及其家庭的关注和参与，众筹回报机制可以包括早期支持者的优惠价格、额外的健康监测服务或是产品定制选项。同时，项目发起者需确保产品符合医疗设备的相关法规，并制订风险管理计划，如通过原型测试和用户反馈来优化产品设计，以降低开发风险并提高市场接受度。

企业在构建众筹项目时，需要注意以下三方面的内容。

1. 寻找合适的平台

在选择合适的众筹平台时，项目发起者需要考虑平台的定位、受众群体，以及平台的信誉和服务质量。

这里介绍几个比较优秀的众筹平台：阿里巴巴集团旗下的造点新货，专注于科技领域的创新产品及创意设计项目；小米推出的有品众筹，主打智能科技前沿酷玩产品；摩点众筹专注于游戏动漫、影视娱乐等文化创意产业。

以上这些平台覆盖了从科技产品到文化创意等领域。项目发起者可以根据项目的性质和目标受众来选择最合适的平台进行众筹。选择合适的平台有助于大范围找到小投资人，实现资本的快速积累和项目的顺利推进。

有些优质平台还会和企业共同打磨创新项目，助力企业更好地挖掘用户的痛点，满足消费需求。比如，小米有品不仅为企业提供平台支持，还深度参与企业的产品开发，涵盖外观设计、结构优化到包装改进，并监督产品交付，确保用户体验。该平台注重产品的创新性，新品研发更是根据小米数据库提供的用户痛点进行。比如，云米即热饮水机，水从常温到99℃仅用3秒，免去了用户的等待时间。

好的平台会使好的创意得到更好的发挥。好的创意在好的平台上会有更多的曝光机会和更大的市场吸引力，能够迅速吸引目标受众的关注并获得支持。同时，好的平台具备完善的资源整合能力，能够为项目提供资金、技术和市场推广等方面的支持，从而提升项目的成功率和影响力。

2. 搭建信任关系

在众筹模式中，项目方与投资者之间的信任关系至关重要。为了建立这种信任，项目方需要充分展示项目的可行性、市场前景及团队实力。它包括提供详细的项目计划书、市场调研报告、团队成员介绍及过往成功案例等。同时，项目方还需要积极与投资者进行沟通与交流，解答他们的疑问，展示项目的最新进展。这种开放、透明的沟通方式不仅有助于增强投资者的信心，还能促进项目方与投资者之间的长期合作。

3. 利用社群效应吸引关注

项目方可以通过聚集一群对项目感兴趣、愿意为之付出的粉丝的模式，一起讨论项目来吸引目标用户。这些粉丝不仅会成为项目的忠实用户，还会通过社交媒体等渠道为项目进行口碑传播，吸引更多用户的关注和参与。这种社群效应不仅有助于项目在众筹期间快速筹集到所需资金，还能为项目的长期发展奠定坚实的用户基础。

使用众筹模式，企业可以借助优质平台，通过和目标受众进行有效的沟通和互动，进一步优化和迭代创意，最终实现商业价值的最大化。

RBF融资模式：基于收入的灵活融资

RBF（Revenue Based Financing，基于收入的融资）融资模式，介于债券融资和股权融资之间，是一种新型的融资模式。近年来，其独特的融资机制和灵活性，逐渐受到市场的关注和青睐，为众多企业特别是小微企业提供了新的融资途径。

具体来说，RBF融资模式，是指投资者向被投企业投入固定的金额，被投企业则以部分营业收入作为回报。

相较于传统的融资方式，RBF融资模式具有诸多优势：它无须企业提供抵押物或担保，融资门槛低；投资决策周期通常较短，能够快速地为企业提供所需的资金支持，满足企业的紧急融资需求；不涉及企业股权的转让，因此不会影响企业的控制权和管理结构，有效保护了企业创始人和股东的权益，同时保持了企业资本结构的稳定性；回报方式更加灵活，允许根据企业的实际需求灵活调整融资期限和融资金额，以更好地适应企业的实际经营情况。

RBF融资模式为小微企业提供了灵活的融资渠道，并且其具备风险共担的特性，为艰难求生的小微企业提供了更有力的支持。

当前，我国正在努力全面激活各类经营主体的活力，以稳固经济发展和促进就业。那些遍布城市和乡村、涉及各行各业的小微企业，就像是经济活动的"微循环"系统，以及吸纳社会就业的重要"蓄水池"。要想发挥它们的重要作用，小微企业就需要更多的普惠融资模式，而基于收入的RBF融资模式以便利度高、可得性好，恰好能满足这些企业的需求，因此，RBF融资模式拥有着巨大的市场潜力。

1. RBF融资模式的适用场景

RBF融资模式适用于多种类型的企业和项目，特别是具有以下特点的企业。

（1）具有稳定现金流。RBF融资模式要求被投企业具有稳定的现金流，以确保被投企业能够按时向投资者支付营业收入作为回报。因此，那些具有稳定收入来源的企业更适合采用这种融资方式。

（2）难以获得传统融资。对一些初创企业、小微企业或信用记录不佳的企业而言，传统融资方式可能难以满足其融资需求。而RBF融资模式则为其提供了一种新的融资途径，使得这些企业能够获得所需的资金支持。

（3）需要快速融资。对急需资金支持的企业而言，RBF融资模式具有较短的决策周期和较快的放款速度，能够满足其紧急融资的需求。

从行业角度来说，除了初创企业之外，还有一些行业也比较适合RBF融资模式：电商和SaaS企业常拥有稳定可期的收入流，比较适合采用RBF融资模式；设备制造商在新设备投入或技术研发上往往需大额资金，也需要RBF融资模式能为它们提供必要的资金支持；医疗健康行业由于研发周期长且资金需求庞大，RBF融资模式能缓解其前期的资金紧张；物流行业在业务扩展和技术更新上面临挑战，RBF融资模式能增强其行业的竞争力和发展动力。

2. RBF融资平台

融资平台作为中介，能有效地将有闲钱的投资者和有需求的融资者联结在一起，让钱在能创造更高价值的人那里获得更多的效能。近年来，为助力小微企业成长而搭建的优质融资平台越来越多。

比如，人人滴作为一个全周期管理平台，专注于提供从资金募集到退出的一系列服务，支持投资机构深入收益权投资市场；TopRBF.com为企业提供基于营收的快速资金支持，激励企业业绩的增长；全国中小微企业资金流信用信息共享平台则通过整合超过780亿条信用信息（截至2024年4月初），向金融机构提供查询服务，缓解对方信息不对称问题，强化信用信息共享的枢纽功能。这些平台通过其独特的服务，共同推动了小微企业的经济增长和持续发展。

3．RBF融资模式的运作机制

企业在采用RBF融资模式时，首先须明确资金需求，并向RBF投资者提交详尽的商业计划书，其中包含企业的财务状况、市场潜力和未来收入预测，以展现企业的偿还能力和增长前景。其次，企业与投资者就融资细节进行协商，并签订明确双方权责的合同。再次，获得资金后，企业将资金投入运营，并定期与投资者沟通，根据实际营收情况向投资者支付约定比例的分成，确保透明度和信任。最后，合同到期后，企业对整个合作进行评估，包括资金使用效率、收入增长和财务回报，以优化未来的融资决策。这一过程不仅为企业提供了灵活的资金支持，还使投资者能够根据企业的实际表现获得回报，实现共赢。

贷款模式：实现资金供需匹配

贷款模式是一种传统的融资模式，通过将资金从贷方（资金提供者）转移到借方（资金需求者），实现资金的有效供需匹配，同时为贷方带来利息收入，为借方提供资金支持，从而促进借方业务或个人需求的发展。

作为一种商业模式，企业通过向金融机构借贷资金，利用这些资金进行运营扩张或投资，以期获取业务增长或投资回报超过贷款成本，从而实现利润的增长。在贷款模式下，企业支付给金融机构的利息是其主要成本之一，而通过有效的利用借贷资金带来的收益，则是企业盈利的关键。

案例回放

当河钢集团察觉到塞尔维亚的斯梅代雷沃钢厂面临倒闭的困境，而自身又急需扩张之际，它以4600万欧元的价格果断收购了这家钢厂（后称"塞钢"）。在这一关键性的扩张行动中，中国工商银行河北分行发挥了举足轻重的作用，为河钢集团提供了至关重要的财务支撑。具体而言，中国工商银行河北分行凭借创新的贷款模式，精心为河钢集团设计了一套包含2760万欧元并购贷款与5000万欧元流动资金贷款在内的综合融资解决方案。这些贷款不仅圆满解决了河钢集团在并购过程中的资金缺口，还为其后续的运营整合奠定了坚实的资金基础。

贷款模式通常是针对初创企业而言的，通过贷款资金的高效利用与回报机制的设计，以实现企业的价值最大化。通常，初创企业构建一个以贷款为基础的商业模式时，需要精心规划和策略布局。

1. 明确商业计划和贷款需求

初创企业首先需要制订一个清晰的商业计划，明确企业的愿景、目标市场、产品或服务、营销策略及财务预测。商业计划中应详细说明贷款资金的具体用途，包括启动资金、运营资金、扩张计划等。这有助于向潜在的贷款机构展示企业的成长潜力和还款能力，从而增加获得贷款的可能性；同时，确保每一笔贷款都能直接推动核心业务的快速发展，即避免资金分散使用，导致效率低下。

在这个过程中，初创企业还要进行还款能力预测。

初创企业在评估自身还款能力时，须深入理解现金流状况、偿债能力及财务健康状况。这包括进行现金流预测，准确预估未来的现金流入与流出，确保有充足的现金覆盖还款额；进行偿债能力分析，评估短期内履行财务义务的能力，确保流动资产足以快速地转换为现金以满足短期债务；进行敏感性分析，了解不同变量对现金流的影响，评估不同情境下的还款能力。这些措施共同构成了初创企业评估和提升自身还款能力的核心策略。

2. 选择合适的贷款类型

根据自身的具体需求，企业选择适合的贷款类型是构建贷款模式的重要一环。

比如，企业如果需要资金购买设备或进行固定资产投资，可以考虑固定资产贷款；如果需要短期流动资金以维持日常运营，可以考虑流动资金贷款或信用贷款。

每种贷款类型都有其特定的条款和条件，企业需要根据自身的财务状况和还款能力来选择最合适的贷款。

3. 建立良好的信用记录

对初创企业而言，建立良好的信用记录至关重要。企业可以通过及时支付账单、合理使用信用额度、避免逾期还款等方式来维护良好的信用记录。良好的信用记录不仅能增加获得贷款的机会，还能帮助企业获得更优惠的贷款利率和条款。此外，企业还可以通过提供抵押物或寻找担保人来提高自身的信用度。

4. 制订合理的还款计划

企业在获得贷款后，需要制订一个合理的还款计划，确保贷款能够在约定的期限内得到偿还。这需要企业对现金流进行严格的管理，确保有足够的流动资金来覆盖还款额。企业可以通过收入预测和现金流量表来规划还款时间表，并预留一定的缓冲资金以应对可能的市场波动。同时，企业要建立紧急基金以应对突发事件，确保现金流紧张时仍能按时还款；并避免过度依赖外部融资，专注于建立可持续商业模式，以产生稳定的现金流。

5. 持续的财务监控和调整

企业在运营过程中需要持续监控财务状况，特别是在贷款期间。这包括跟踪收入和支出、评估贷款使用效率并及时调整商业策略。通过优化成本结构，企业可以减少不必要的开支，并通过开发多个收入流减少对单一融资来源的依赖。如果市场条件或企业运营发生变化，企业可能需要与贷款机构协商调整还款计划或寻求贷款重组。

6. 利用贷款促进增长和创新

贷款不是为了解决资金短缺的问题，而应该被视为推动企业增长和创新的工具。企业可以利用贷款资金进行市场扩张、产品开发或技术升级，以增强自身的竞争力和提高市场份额。同时，企业应该评估贷款带来的风险，并制定相应的风险管理策略，避免过度扩张和断裂式升级，应该确保有足够的现金流支撑企业稳步发展。

贷款模式犹如一把双刃剑，既能有效地助力企业业务的发展，也可能因忽视财务稳健性和可持续性而对企业造成毁灭性的打击。因此，在选择贷款模式时，企业必须格外谨慎。

项目融资模式：专款专用，隔离风险

对于大型基础设施项目、能源开发项目、房地产项目等需要巨额资金且具有较长回报周期的项目，企业通常要专款专用，并要进行风险隔离，因此要引入项目融资模式。

所谓项目融资模式，就是针对特定项目融资，并以项目的未来收益或资产作为还款来源的一种商业模式。这种模式依赖的是具体的项目任务，而非项目发起人的整体信用。在进行项目融资时，企业需要确保资金能够针对项目进行有效的投放，专注于项目的实际需求，提高资金的使用效率和项目的成功率。

比如，一家国际能源企业想在某个国家兴建大型风力发电站，鉴于项目资金庞大且风险较高，企业决定采用项目融资模式。企业与多家银行和投资者进行了深入协商，愿意以发电站未来的电力销售收入作为还款来源，并限定追索权仅限于发电站自身资产及收益。为减少潜在风险，企业不仅投了工程保险，还购买了政治风险保险来防范政策变动等外部风险。同时，企业还与该国政府签订了长期的电力购买协议，确保了发电站电力销售的稳定性。最终，企业成功筹集到所需资金，项目顺利建成并投入运营，电力销售收入被用于偿还贷款及给予投资者相应的回报。

对企业来说，项目融资模式降低了投资者的风险，促进了项目的长期稳定发展。企业在构建项目融资商业模式时，涉及以下三个步骤。

1. 项目可行性研究与风险评估

在项目融资的初期阶段，企业要进行详尽的可行性研究和风险评估。它包括对项目的市场需求、技术可行性、环境影响、法律和监管要求进行深入分析。同时，企业需要评估项目的风险，包括市场风险、信用风险、利率和汇率风险等，并制定相应的风险缓解措施。这一步骤旨在确保项目的经济效益和可持续性，增强投资者的信心，并为项目的融资方案奠定坚实的基础。

详尽的风险评估有助于企业精准捕捉项目潜在的各类风险，进而能够设计出更加周全的风险管理策略。

2. 融资结构设计和资金来源

项目融资的结构设计是构建项目融资模式的核心。它涉及确定项目的资本结构，包括债务与股权的比例、融资成本、还款计划等。项目融资通常涉及多方资金来源，包括银行贷款、股权融资、政府补助、出口信贷机构和多边金融机构等。设计融资结构时，企业需要考虑不同资金来源的成本和条件，并确保项目的现金流能够满足还款要求。此外，企业还需要通过担保、保险和其他金融工具来降低融资成本和风险。

丰富的资金来源有助于企业分散项目融资风险，增强项目的财务稳定性和灵活性。但是，企业也要考虑可能会增加管理成本。因此，企业需要优化融资结构，降低财务风险，建立风险预警机制，实时监控融资风险。

3. 合同安排和项目公司设立

项目融资的成功实施，需要一系列的合同安排来保护各方利益并确保项目的顺利推进。它包括与供应商和承包商的合同、与政府的特许经营协议、与贷款方的贷款协议、与保险公司的保险合同等。这些合同不仅规定了各方的权利和义务，还包含了对项目风险的分配机制。此外，企业通常要设立一个专门的项目公司来持有项目资产并负责项目的日常运营，这样可以将项目风险与发起方的其他业务风险隔离开来。项目公司的设立也有助于简化融资过程，并使项目的资产和现金流成为融资的主要支持。

　　总体来说，项目融资模式有效地确保了资金的定向使用和风险的有限追索，也保护了投资者的利益，同时为项目的稳健运作提供了有力的保障。

第8章

生产模式：灵活应对市场，实现高效产出

基于生产市场的商业模式也有很多种，企业的每一种模式都旨在通过不同的策略和优化手段，以适应快速变化的市场需求，同时确保高效产出和成本控制。

SPA模式：随需而变，快捷生产

SPA（Specialty Retailer of Private Label Apparel，自有品牌专业零售商）商业模式，指的是从设计、生产到零售一体化的商业模式。它是美国服装公司GAP在1986年的年度报告中提出的概念，后来被日本服装品牌优衣库运用成功并推广开来。

案例回放

优衣库专注于设计基本款式的服装，这些款式不受年龄和性别的限制，也不受时尚瞬息万变的影响，即优衣库强调服装的通用性和舒适性。优衣库在面料研发上投入大量资源，开发了如Heattech和Airism等科技新面料，大幅提升了产品的科技含量，增强了舒适度。在生产环节，优衣库实施"匠计划"，招募经验丰富的成衣制作技术人才，同时向海外代工厂传授技术，以确保产品的高品质。通过规模化生产，优衣库能够有效地控制成本，同时使用功能性优质面料，形成产品高性价比的优势。在销售方面，优衣库的门店同时承担了前置仓库和销售网点的角色，减少了仓储空间和配送成本。他们根据每周的销售计划，对商品进行颜色和尺码的陈列，并管理销售进度。优衣库总部会根据店铺上传的销售和库存情况，下达补货或退货的指令。如果门店的实际销售没有达到预期目标，则优衣库总部会指示降价，通过"限时特优"和"超值精选"等促销方式吸引用户购买。

SPA模式通过精简供应链、强化产品开发和提升零售效率来快速响应市场需求，并最终提升用户满意度。随着互联网科技的广泛发展，这一模式也被广泛应用到其他领域。

SPA模式的一个核心特征是直接掌握用户的信息，这使得企业能够快速响应市场变化和用户需求。这种以用户为中心的思维方式，对后来的许多商业模式产生了深远影响。随着互联网时代的到来，企业可以和用户建立直接联结，这样用户的需求就会变得更直观、更可测，并且企业对用户需求的响应速度也更快。

比如，SPA模式通过基于用户数据分析的商品策划，最大限度地降低需求预测的风险，实现快速反应供货。这种基于数据驱动的决策模式，进入互联网时代被广泛采纳并推广开来。SPA模式要求供应链具有高度的灵活性和效率，通过简化供应链环节，大幅压缩物流费用和时间，提高了效率。这种供应链管理的优化，在互联网时代成了众多企业降低成本和提高响应速度的重要途径。

在互联网科技和数字化转型时代，企业的SPA模式通过整合新技术进行发展和创新，保持自身的生命力。

1. 数字化供应链管理

企业通过应用信息和通信技术（ICT，Information and Communication Technology）、物联网（IoT，Internet of Things）、大数据、云计算和人工智能等先进技术，对供应链管理中产生的数据进行即时收集、分析、反馈、预测与协同。这种数字化供应链管理不仅提高了企业效率，还增强了企业对市场变化响应的灵活性。

2. 建立用户档案

企业通过数字化手段收集和分析用户数据，建立详细的用户档案。这使得企业能够更准确地预测用户需求，实现精准营销和个性化服务，从而提升用户满意度和忠诚度。

3. 智能制造

企业通过自动化智能对象来感知、收集和处理通信工业系统中的实时事件，数字孪生、协同机器人等技术手段，不断提高供应链中数字世界和物理世界的互动能力。这样有助于企业实现更高效、更灵活的生产流程，缩短产品从设计到市场的周期，快速满足市场需求。

通过这些措施，SPA模式在数字化时代不仅能够继续存在，还能通过技术创新实现更高效、更快速的市场响应，满足用户对快速、时尚和个性化产品的需求。

内容模式：产品的多样化聚变

内容作为产品，经历了从传统媒介到数字平台的演变过程。在早期，内容主要承担着传递知识和信息的功能，载体包括图书、广播、电视等。在那个阶段，内容的形式单一，信息流动往往是单向的。

随着技术的进步，内容产品开始变得更加多样化，越来越具有互动性。从博客、微博赋予个人表达与分享的舞台，到知乎、豆瓣深化知识交流，大众点评影响消费决策，小红书引领营销新风尚，再到快手、抖音短视频引领娱乐潮流，直至人工智能内容重塑内容消费体验，内容的形式与功能经历了显著的改变。这一变革不仅极大地丰富了内容生态，还深刻地改变了传统的信息传输关系，使得受众身兼信息的接受者与传播者双重角色。

1. 市场上常见的内容模式

到目前为止，内容作为产品有四种重要的模式。

（1）UGC模式。UGC模式，是指用户自发产生的内容，这种模式强调普通用户成为内容的生产者和传播者。

比如，UGC模式在Facebook上的体现是用户可以自由地发布状态更新、分享图片和视频及撰写评论。这些内容由用户创造，反映了个人视角和经验，是UGC模式理念的直接体现。这种模式不仅增加了用户参与度，还为Facebook创造了广告收入的机会。

目前，UGC模式依然在不断地发展和演变中，新兴的UGC平台和应用持续出现，特别是在短视频、直播和社交电商领域。比如，TikTok（国际版抖音）就是一个新兴的UGC平台，它允许用户创作和分享短视频内容，从而构建庞大的用户社区和流量。

（2）PGC模式。PGC（Professional Generated Content）指内容由具有专业背景的个人或团队制作，这些内容通常质量更高、更专业。

PGC模式通常由平台进行审核和筛选，以确保其专业性和质量。以PGC模式为主的平台盈利模式也更加多样，包括知识付费、课程销售、专家咨询、付费订阅和会员服务等。在构建PGC模式时，平台更强调内容的专业水准和创作者形象，还须实施严格的版权保护策略。

有些平台还融合UGC模式和PGC模式，形成了PUGC（Professional User Generated Content，专业用户生产内容）模式，也就是说，用户生产的内容经过专业加工或筛选，兼具用户原创性和专业品质。

比如，喜马拉雅平台鼓励用户上传自己的音频内容（UGC），同时对这些内容进行专业编辑和质量控制（PGC），使得用户生成的内容更加专业和优质。

（3）MGC模式。MGC（Machine Generated Content）指由机器、算法或人工智能生成的内容，它依赖于数据分析和处理，能自动化、大规模地生产个性化、定制化的内容，广泛应用于新闻、金融、娱乐、教育和医疗等领域，具有高效、准确、客观的特点，在处理大量内容生成和需要高度精确计算的场景中尤为有用。

（4）BGC模式。BGC（Brand Generated Content）指品牌生产内容，由品牌或公司官方创造和发布的内容，旨在推广其产品、服务或品牌价值。BGC模式下的内容形式多样，包括广告、品牌故事、产品介绍、用户案例研究、社交媒体帖子等，它们通过各种渠道触达目标用户。BGC模式的诞生旨在建立品牌权威性、增强用户参与度和忠诚度，以及直接或间接地推动品牌产品的销售。

2. 内容模式的构建步骤

以内容产品构筑商业模式时，涉及以下四个步骤。

（1）创建一个用户友好的平台。这要求平台有直观的界面和简单的操作流程，以便用户可以轻松地创建和分享内容。同时，平台应提供工具和功能，如编辑器、滤镜或模板，增强用户生成内容的吸引力和专业性。平台还应该鼓励社区互动，如评论、点赞和分享，以提高用户的参与度和忠诚度。

（2）有效进行内容管理与审核。它对维护平台的声誉和遵守法律法规至关重要。它不仅涉及清除违法和不当内容，还包括确保内容的真实性和相关性。平台可以采用自动化工具和人工审核相结合的方式，高效地处理大量用户生成的内容。

（3）提升用户体验。通过分析用户的行为和偏好，平台可以向用户推荐他们可能感兴趣的内容，从而提高用户的参与度和留存率。此外，数据分析还可以帮助平台识别趋势和热点，为内容创作者提供洞察，以便他们创作出更受欢迎的内容。

（4）丰富的商业变现策略。广告、品牌合作、虚拟商品销售及付费订阅是平台的主要变现策略。这些多元化的变现方式可以帮助平台在用户增长的同时，实现可持续的商业收入。

在内容模式下，高质量的内容成为核心产品，这样不仅满足了用户的信息和娱乐需求，还为品牌提供了与用户直接互动和建立长期关系的机遇。

众包模式：让更多的人参与生产

众包模式，是一种新兴的商业模式，它是指企业通过互联网平台将原本由内部职员完成的内容，以自由自愿的形式外包给大众网络用户的模式。

比如，你想为自己的咖啡馆设计一个新Logo，但是你不想花大价钱请专业设计师。这时，你可以选择在网上找一个众包平台，发布一个设计任务。在任务中，你要详细说明自己需要什么样的Logo，你的预算是多少。活跃在这个平台上的设计师发现并感兴趣的话，就会根据你的要求提交他们的作品。几天之内，你就可以收到一定量的作品，从中选择你最喜欢的一个，并只付费给他。

众包模式，借助互联网的力量，将工作任务外包给广大网络用户，实现了资源的优化配置和效率的大幅提升。作为一种新兴的、富有活力的生产方式，众包模式正在逐渐改变我们的工作方式。

作为一种商业模式，众包模式具有以下特点。

1. 众包模式的优势多

众包模式最大的优势就是低成本、高效能。

众包模式允许商家利用广泛的群体完成具体的工作任务，它通常比传统方法更具成本效益。通过众包模式，商家可以减少或避免雇用熟练或非熟练劳动力的许多间接成本，包括员工工资、福利和培训。企业的受众群体如果较多，那么其任何任务都会有大量应聘者，这样企业就可以更高效地完成项目。因此，对于有速度需求的任务，使用众包模式会更合适。

除此之外，众包模式还具有开放性、多样性、匿名性、投票机制等优势。开放性，是指面对互联网，任何对发布的任务有兴趣和有能力的人都可以参与并进行生产，不受地域和身份的限制。多样性，是指当某个任务被更多人接单时，每个人都能提供一种独到的思考角度和独特的解决方案，为企业的创新提供更多的启发。匿名性，是指企业不会公开参与者的身份，降低了参与者的压力和约束，他们可以自由发挥想象力和创造力。投票机制，即众包的任务通常会有多个响应者，发起人可以从中筛选出最优解或最佳方案。

2. 众包模式的应用领域广泛

众包模式的应用范围广泛，几乎涵盖了所有需要创意、技能或劳动力的行业。

在产品设计领域，企业可以通过众包平台征集设计方案，让用户提供创意，从而节省大量的人力、物力和财力。

在内容创作领域，众包模式同样发挥着重要作用。企业的写作、配音、视频剪辑等任务，都可以通过众包平台找到合适的创作者。一些社交媒体平台也利用众包模式吸引用户参与内容创作，如用户发布的照片、视频或文字，这样不仅丰富了平台的内容生态，还提高了用户的社交影响力。

众包模式在数据采集、市场营销、科学研究等领域也有着广泛的应用。在数据采集领域，企业可以通过众包平台获取大量的数据，提高数据的准确性。在市场营销领域，企业可以利用社交媒体平台上的用户数据进行精准营销，提高营销效果。在科学研究领域，众包模式可以通过集思广益的方式解决一些复杂的科学难题，加速科学研究的进展。

许多品牌不仅借助众包模式解决特定问题,还会采用它来测试新产品和新创意,以此作为市场测试的一种手段。此时,众包模式提供的平台,让不同的用户测试创意、产品或服务。用户的反馈可以作为企业宝贵的市场验证,能助力企业完善产品。

3. 使用众包模式的挑战

众包模式也面临一些挑战。首先,参与者多,可能出现质量参差不齐的问题。这需要通过评估和筛选机制来确定最佳解决方案。其次,众包模式的协调和管理工作非常复杂,可能需要企业建立有效的平台和机制来管理参与者。最后,众包模式还涉及知识产权和保密的问题。企业需要制定合适的条约框架来保障各方的权益。

轻资产模式：让企业轻装上阵

在传统企业的经营模式中，他们高度重视资产规模的扩张，倾向于采用重资产运营模式。这一模式要求企业投入巨额资金，用于构建或购置厂房设施、生产线系统及大型机械设备等固定资产。在这种模式下，企业的固定资产很高，现金的流转速度相对缓慢。为了优化资源配置、提升市场响应速度，市场出现了轻资产模式。

所谓轻资产模式，是指企业减少对重资产的依赖，转而通过外包、租赁、战略合作等方式来维持运营，从而将精力集中在核心竞争力的培养和品牌价值的提升上。轻资产模式通过精心设计的合作伙伴网络，使企业有效地降低成本和风险，加速资金回笼，能够迅速响应市场变化，抓住商机，提高盈利能力。

案例回放

近年来，随着地产行业的持续低迷，华润万象生活敏锐地捕捉到市场的变化，果断启动轻资产战略转型。他们将主要精力放在优化资源配置、强化品牌建设和提升管理效率上。通过与武汉城建集团、杭州滨江区等深度合作，共同开发了一系列高质量的商业项目。同时，华润万象生活成功运营了兰州万象城等标杆案例，不仅大幅提升了运营效率和管理水平，还显著增强了品牌影响力，实现了在低迷市场中的稳健发展，积极挖掘新增长点。

要想构建轻资产模式，企业需具备以下特色和能力。

1. 优秀的链接能力

构建轻资产模式的企业，首先要具备优秀的链接能力，这意味着企业能够迅速识别并联结最佳的合作伙伴。这种能力可以通过建立一个高效的信息平台来实现，该平台能够整合市场数据、合作伙伴信息及用户需求，从而快速匹配合适的资源。企业还需要培养一种敏捷的文化，鼓励跨部门合作，以便于快速响应市场变化，并与合作伙伴建立灵活的合作模式。此外，企业可以通过投资先进的信息技术系统，如ERP（Enterprise Resource Planning，企业资源规划）和CRM系统，来提高自身的链接能力，确保信息流的畅通和决策的及时性。

2. 精细化运营管理能力

在轻资产模式下，企业不直接控制生产或服务提供的物理过程，因此需要有过硬的运营能力来管理这些合作外包的生产活动。它包括对供应链的严格管理，确保产品质量和交货时间符合标准；对市场动态的敏锐洞察，以便快速调整策略；对用户反馈的快速响应，以提升服务质量。企业需要建立一套完善的运营管理框架，包括关键绩效指标（KPI，Key Performance Indicator）的设定、风险评估和质量控制流程。此外，企业还应培养一支专业的运营管理团队，他们能够理解外包业务的复杂性，并能够有效地监督和管理外部供应商。

使用轻资产模式时，企业在前期可以投入大量资源高筑技术壁垒，然后通过复制产品实现快速扩张。

3. 差异化核心特色

企业要想借助轻资产模式在竞争激烈的市场中生存，必须发展自己的差异化核心特色。因此，企业可以通过不断创新产品或服务、提供独特的用户体验或开发专有技术来实现。企业需要在研发方面进行投资，以创造独特的产品功能或服务特性，从而难以被竞争对手复制。同时，企业可以通过定制化的服务或个性化的用户互动来提升用户忠诚度。此外，企业还可以通过品牌建设来强化其市场地位，通过故事讲述和价值观传递来与用户建立情感联结。差异化核心特色不仅能够帮助企业避免同质化竞争，还能够为企业带来溢价能力，从而提高利润率。

案例回放

高端空间运营商蜜蜂科技BEEPLUS专注于办公空间的运营管理，它不直接持有或管理物业资产，而是通过与业主合作，将其物业资源转化为高品质的办公空间。

BEEPLUS依托于自身强大的设计能力、工程项目管理经验、供应链管理能力和资管运营能力，为合作伙伴提供全流程服务解决方案。同时，BEEPLUS通过实施行业内领先的费用预算精细化体系，实时把控成本投入，提升物业价值。此外，BEEPLUS还自主研发了"Hero后台管理系统"，通过数字化、智能化手段提升空间管理效率。

采用轻资产模式时，企业需清晰地界定自身的核心竞争力，并集中资源全力打造产品，使之在行业内独树一帜。唯有如此，当谈及链接外部资源和构建战略合作关系时，企业才能更具底气与实力，确保与外部的合作能够真正强化其市场地位。

长线模式：开发产品的多元价值

长线模式，也称为"一鱼多吃"模式，是一种旨在深度挖掘和充分利用核心产品（一般多用于IP）价值的商业模式。该模式的核心在于通过跨平台、跨媒介、跨领域的多元化开发手段，实现产品或服务的多样化生产，进而实现收益最大化。

以爱奇艺为例，该平台围绕电视剧《风起洛阳》这个IP就开发了综艺、动画片、纪录片、商业地产、实体娱乐等12种产品形态，甚至还带动了洛阳地区的旅游业。在项目策划初期，爱奇艺便汇聚了公司内外的各个部门，大家集思广益，从多个维度为这个IP增添了丰富的内容元素。

长线模式要求企业具有前瞻性的市场洞察力、强大的内容创造能力和跨领域的协调管理能力，以确保产品具有多元开发价值，具有长期活力。

长线商业模式主要应用于文娱产业企业。这类企业拥有丰富的内容资源，可以通过文学、漫画、游戏、影视等方式进行IP的转化和开发，形成品牌价值赋能及用户规模。此外，一些科技驱动型企业也可以通过技术创新，将其物联网技术应用于智能家居、智慧城市和工业物联网等领域。这样，可以拓展企业的业务范围和盈利空间，形成协同效应，提升企业的市场竞争力和品牌影响力。

由于技术领域的长线模式通常只侧重于应用层面的扩展，而文娱产品IP化则涵盖了更丰富的商业维度，所以，本节聚焦于文娱产品IP化的长线模式。构筑长线模式，企业必须强化以下三方面的能力。

1. 生产和识别优质、可多元扩散的内容

企业首先要有生产和识别IP产品的能力，即先打造能够跨越不同受众群体、在多个圈层广泛传播的爆款内容产品。一个具有爆款特质的IP，一定有情感和文化两个维度的势能，即产品具有强烈的情感浓度，能与更多圈层的受众产生文化共鸣，而且每一个维度的产品形态都在强化这种情感和文化势能。

以故宫为例，故宫之所以有那么多产品形态（覆盖内容产品、生活用品到娱乐产品甚至科技产品），就是因为故宫近年来一直致力于和年轻消费群体互动，用他们的语言来说话，比如，"雍正其实萌萌哒"系列就曾爆火。故宫一直用更轻松、幽默、多元的内容形式来输出历史文化内容，比如，《我在故宫修文物》这部在央视播出的纪录片，强化了故宫的大IP属性，让其拥有了大量的年轻用户。多年来，故宫每创作一种类型的内容，都会强化故宫的文化内涵，使其与年轻受众之间建立深度情感联结。

当然，故宫这个IP属于长线模式的高级形态，因为这个IP既是产品，又是品牌，其商业价值可以无限延展。类似地，迪士尼、漫威等都属于这类IP形态。大多数长线模式，都是不断生产不同的内容，以期打造爆款IP，然后围绕IP来进行多元开放。

2. 对已有IP进行多维开发

企业要有多维度媒介形式资源，对于有爆款潜质的某一具体内容，可以同时跨媒介地丰富与深度挖掘。通过影视剧、动漫、游戏、音频等媒介形式，企业可以将IP转化为各具特色的产品形态，吸引不同类型的用户群体。当然，任何一种媒介形式的内容爆红后，都可以带动其他产品形态的市场，实现IP价值的最大化。但这就要确保每一种产品形态都针对具体的受众群体，用更符合本媒介形态的表达方式。

3. 产业链的延伸与整合

企业要能进行衍生品开发，即基于IP的知名度和粉丝基础，开发一系列衍生品，如服饰、文具、玩偶等。企业还要将IP的生产、推广、销售等环节进行整合，形成一个完整的产业链。企业通过优化资源配置和流程管理，提高生产效率和产品质量。企业也可以建立自己的制作团队和发行渠道，实现IP的自主开发和推广。此外，企业还可以与电商平台、实体店铺等进行合作，拓展销售渠道和增加曝光度。

在长线模式中，从0到1最难。因此，企业需具备前瞻性视野，着重强化生产能力，以确保能成功孵化并培育出具有深远影响力的大IP。

商业模式破局篇

>>>>>>>>>>>>>>>>>>>>>>>>> <<<<<<<<<<<<<<<<<<<<<<<<<<<<<<

　　商业模式是企业突破自我、跳出传统窠臼的创新与实践。这需要企业具备敏锐的洞察力，深入洞察当下现状，能够精准捕捉市场需求的变化，拥有灵活应变的思维，勇于打破陈旧格局，准确预估未来趋势。企业要有开阔的视野，要有长线思维，要有全维战略，然后在竞争激烈的红海中敏锐地探寻并勇敢地开拓蓝海领域，最终实现真正的破局与飞跃。

第9章

思维模式：引领创新
思考，塑造未来格局

所有创新皆源自认知的觉醒。认知改变思维，思维指导行动。企业要立足于既有基础，进行巧妙的引申、灵活的转向、合理的放大或精准的缩小等，以便创造出更具价值的新事物或新方案。

用户心智：让用户一有需求就联想到品牌

"心智"是心理学中的一个概念，指人们从经验中得来的对世界的印象。如今，用户心智被广泛应用于商业中。在商业形态中，用户心智，是指用户对品牌的认知和态度，包括品牌意识、感知质量、品牌联想和品牌忠诚度等。它是品牌与用户之间情感和认知联系的总和，直接影响用户的购买决策及其品牌忠诚度。

从企业的角度讲，品牌要想实现价值，就需要占据用户心智，即通过一系列有效的营销策略和卓越的用户体验，让用户在产生特定需求时，能够立刻联想到该品牌。

比如，提及快速配送服务，用户往往会想到京东，因为京东"次日达"的承诺深入人心；可口可乐公司则通过多年的广告宣传和独特的口感，让可口可乐成了"快乐水"的代名词。

通过占据用户心智，品牌稳固了其在用户需求中的定位，提升了品牌的知名度、美誉度和信誉度等。

占据用户心智已成了商业模式创新的核心所在。这意味着企业需要通过深入了解目标用户的需求、偏好和行为模式，尤其要明确对产品、服务或品牌的认知和期望，因此，企业需要依此精准定位品牌的核心价值和独特卖点，并通过一系列创新的营销策略和卓越的用户体验，将这些价值传递给用户，从而在用户心中树立独特的品牌形象。

具体来说，企业该如何占据用户心智呢？

1. 构建新的用户心智模型

在快速变化的市场中，企业要想突破旧有格局，必须构建新的用户心智模型。用户心智具有不完整性，他们只根据自己的认知和经验来认识世界。这意味着企业需要为用户提供他们自己尚未意识到的需求，填补用户心智的空白，从而刷新品牌价值。

比如，在化妆品行业，传统的营销模式侧重于品牌的知名度和形象。随着用户对产品成分和健康影响的关注增加，企业开始教育市场，强调成分的重要性。宝洁、雅诗兰黛等品牌通过成分营销，不仅提升了用户对产品成分的认识，还成功地塑造了新的用户心智模型，即"成分至上"的护肤理念。这种策略不仅满足了用户对健康和安全的需求，还为企业打开了新的市场空间。

企业占据用户心智，不但可以引导用户的行为，创造新的需求，还可以改变市场游戏规则。比如，直播带货模式的兴起，使新技术（如实时视频传输、大数据分析等）巧妙嫁接到原有的电商模式上，并通过无数次的实践与优化，逐步摸索出的一种全新销售形态和商业模式。在这个过程中，用户获得了更好的购物体验，并逐渐享受和信赖这种购物方式。这就是商业模式的破局。

2. 迭代原有的用户心智模型

用户心智具有变化性，即用户的认知、偏好和行为模式随着时间、环境和个人经历的变化而发生变化。企业即使已经占据用户心智，也必须随时跟上用户的心智变化，捕捉用户全新的需求，更新、迭代原有的用户心智模型。

比如，某品牌洗地机通过数字化转型不断收集和分析用户反馈，发现很多用户在留言中都提到宠物毛发清理的问题，于是品牌立刻将这个痛点作为产品研发的重点，并调整营销策略，强调产品对宠物毛发的清理能力，很快该品牌洗地机就成功赢得了宠物饲养者的青睐，迅速提升了企业的销售额。

这种对用户心智变化的敏感捕捉和快速响应，是企业保持竞争力的关键。

3. 根据已有用户心智构建模型

有些已经出现的用户心智还没有被商业定义，当企业认识到这一点时，就可以直接提出价值主张，表达用户的需求和理念。

比如，在点评网站出现之前，人们在购买产品前就渴望听到更多人的经验和意见；外卖没出现前，人们就已经渴望不出门就能吃到好厨师做的饭菜。

这些新商业形态、新商业模式的兴起，正是基于企业对用户心智的深刻洞察和直接表达。企业通过构建与用户心智相匹配的产品和服务，能够更有效地吸引和留住用户。

借助以上三种创新的商业模式，企业能够在用户心智中塑造强大的品牌影响力，进而实现自身的长期、稳定发展。

生态圈：打造更多生态位以扩大系统

"生态圈"的概念源自自然界，指的是生物与其环境相互作用、相互进行能量流动形成的复杂网络。在复杂的商业环境中，人们逐渐摆脱了线性思维，开始使用系统化思维来构建商业模式。为此，生态圈被引入商业领域，成了一种全新的战略。

所谓生态圈，指的是企业通过合作与竞争，与供应商、用户、竞争对手及其他利益相关者共同构成的一个相互依存、共同发展的商业环境。

在数字化时代背景下，生态圈战略已成为企业创造价值与维持竞争优势的核心战略。这一战略不仅被跨国企业视为应对环境变化的首要策略，还是众多企业在市场竞争中立足的关键。特别是在银行、保险、科技及零售等行业，生态圈战略的价值尤为凸显。然而，由于打造生态圈需要企业融合多种不同的商业模式，并应对各种复杂甚至可能相互冲突的管理模式，这一过程极具挑战性。

但不管采取哪种模式，一个生态圈之所以成为众多微生物共生的环境，是因为其提供了所有微生物生存所需的基本要素，这个基本要素就是一个企业构筑生态圈的价值势能。

以阿里巴巴集团为例，其通过电商平台、云计算、金融服务等多元化业务，构建了一个庞大的生态圈，为商家、用户、开发者等提供了交易、支付、物流、数据分析等全方位服务，这种强大的价值势能正是企业吸引并维持众多参与者共生的关键。

企业要想构建生态圈，就需要扩大自己的战略价值创造。具体来说，企业需要提升以下五大核心能力。

1. 高级分析能力

企业需要利用高级分析技术（大数据分析、人工智能、机器学习等）处理和解读来自市场、用户、竞争对手等维度的海量数据。通过这些技术，企业可以获得更加深入、准确的市场信息，理解用户的需求、偏好和行为模式，从而为生态圈战略决策提供有力的支撑。

2. 敏捷开发和运营

企业必须采用敏捷开发方法，如Scrum或Kanban，以加速产品从概念到市场的过程。敏捷方法强调跨部门协作、快速迭代和持续交付，使企业能够迅速地适应市场变化。同时，敏捷运营模式能够提高企业的灵活性和响应速度，使企业在不断变化的商业环境中保持竞争力。

3. 高效治理模式

企业需要建立一个清晰的治理框架来管理其生态圈中的多方利益相关者。这包括制定明确的合作规则、决策流程和风险管理策略。高效治理模式有助于确保所有合作伙伴都朝着共同的目标努力，同时保护企业免受潜在的合作风险的侵害。

4. 大中台系统的整合

企业应构建一个强大的中台系统，集中处理数据、技术、业务流程等核心能力。这种整合有助于简化操作，提高资源利用率，并促进不同业务单元之间的协同工作。大中台系统能够使企业更快地适应市场变化，同时降低成本和提高服务质量。

5．创业型人才

要想构建生态圈，企业要培养具有创业精神的员工，他们能够推动创新，勇于承担风险，并在不确定性中寻找机会。这类人才通常具有强烈的自我驱动力和解决问题的能力。企业可以通过提供灵活的工作环境、鼓励创新思维和实施激励机制来吸引和保留这类人才。

通过精准的价值创造和核心能力的打造，企业不但可以在激烈的市场竞争中占据有利地位，实现可持续发展，而且能打造更多的生态位，无限扩展生态系统。

消费下沉：挖掘经济增长新动力

在传统经济环境中，由于大城市经济发达、消费能力强且市场成熟度高，传统的大企业往往倾向于集中在一、二线城市发展。随着一、二线城市的市场逐渐饱和，企业开始寻求新的增长点。

中国经济在经历了数十年的高速发展后，三线及以下城市的居民收入水平显著提升，消费升级趋势日益明显，用户对产品品质和多样性的需求不断增长，这为众多企业开辟了新的市场空间。与此同时，交通、物流及互联网基础设施的显著改善，使得企业能够更加高效地覆盖并服务于更广泛的地区。因此，下沉市场已成为企业竞相拓展的重要市场空间。

商业中的市场细分策略，会根据用户的需求、购买力和行为特征将市场划分为不同的层级，而下沉市场，是指那些位于二线以下城市、乡镇和农村地区的市场，这些地区的用户群体通常具有与大城市不同的消费习惯和偏好。

在下沉市场中，用户可能对价格更为敏感，更注重产品的性价比，但同时也渴望获得与一线城市用户相似的品质和服务。电商平台的兴起和物流、互联网基础设施的改善也为下沉市场的用户提供了更多选择和便利，使得用户能够更容易地找到高性价比的产品，并享受到与一线城市相似的购物体验。

下沉市场的消费潜力巨大，再加上国家政策对农村和中小城市的发展提供了强力扶持，如扶贫政策、乡村振兴战略等，这些都有助于提高下沉市场的消费能力。因此，很多企业都已经开始在下沉市场布局。

比如，蜜雪冰城通过在三、四线城市及以下地区开设门店，以较低的价格提供品质不错的饮品，迅速获得了市场的认可；快手在内容和用户群体上更贴近下沉市场，通过算法优化和本地化内容策略，吸引了大量下沉市场的用户；比亚迪汽车通过提供性价比高的电动汽车和插电式混合动力汽车，成功吸引了包括下沉市场在内的广泛用户群体；家电品牌海尔通过深入下沉市场，提供适合当地用户需求的家电产品，并建立强大的售后服务网络，增强了品牌在下沉市场的影响力。

众多品牌通过定制化产品和本地化营销吸引下沉市场的用户，下沉市场的消费潜力得到了有力的释放。因此，布局下沉市场也成了企业战略发展中的一个重要且必要的环节。那么，企业该如何有效地布局下沉市场呢？

1. 深入理解和满足本地化需求

企业需要通过深入的市场调研，理解下沉市场的特定需求和偏好。这包括对当地文化、消费习惯、收入水平和生活方式的深入了解。基于调研结果，企业应开发或调整产品，以满足这些特定需求。

案例回放

海尔智家通过深入理解用户在日常生活中的实际需求，致力于为用户提供个性化的智慧家居解决方案。他们迅速开发了如智能厨房、理想厨房等场景化的产品，这些产品不限于单一的家电，而是包括整体的厨房设计、空气质量管理及水处理系统等全方位的生活解决方案。这样的定制化服务旨在提升用户的生活质量，使用户在日常生活中感受更多的便利和舒适，从而增加用户的幸福感。

可见，个性化定制可以更好地满足下沉市场的需求。

2. 构建有效的分销和物流网络

为了覆盖下沉市场，企业需要构建有效的分销网络。它可能涉及与当地分销商合作，或建立自己的零售点，以确保产品能够顺利地到达用户手中。考虑到下沉市场可能面临的交通和基础设施挑战，企业需要优化物流流程，减少运输成本和运输时间。这包括建立区域物流中心，或与当地物流服务商合作，以提高配送效率。

3. 实施本地化营销和品牌建设

企业需要采用与当地文化相适应的营销策略。这可能包括使用当地语言进行广告宣传，以及利用当地的节日和事件进行促销活动；也可以通过与当地知名的品牌或影响者合作，可以加速品牌在当地市场的接受度；还可以根据市场需求创新营销策略。

比如，海尔就采取以旧换新、活动进村等策略，快速进入下沉市场，又通过品鉴会、微信直播等赋能门店活动，完善的数字化技术，促使海尔的营销效能大幅提升。

在下沉市场，企业建立品牌信任十分重要。企业必须通过提供高质量的产品和服务、优质的用户服务和社区参与建立和维护品牌形象，稳固自己在下沉市场的品牌地位。

低接触：服务于你，而不打扰你

在当今社会，社交焦虑感普遍存在，很多用户都喜欢在无干扰、低压力的环境中进行购买决策。与此同时，自助服务和线上平台等新技术的发展，恰好满足了这一需求。低接触商业策略应运而生，企业可以为用户提供一种无须面对面交流的购物和服务体验，让他们感到更加舒适和自在。

低接触商业模式强调在交易和服务过程中减少人与人之间的物理接触，通过技术手段实现远程交互和自动化服务。低接触商业模式不仅满足了用户对隐私和个人空间的需求，还为商家开辟了一种新的、更细腻的市场接触方式。

比如，一个做软件服务产品的品牌以官网、App为主要销售渠道。用户可以直接在官网、App上注册并开始免费试用，无须与企业的销售人员接触。在试用期间，品牌通过不断优化迭代产品功能，提升用户体验来增强用户黏性。对于重度依赖软件的用户，该软件服务品牌通过提供额外的付费功能或增强版来满足他们的需求，这些升级并非由销售团队直接推销，而是用户基于对软件的满意度和需求自主选择，通常通过一键升级或会员订阅的方式就能轻松完成。这种模式不仅减少了销售干预，还提高了用户的自主性和满意度。

低接触商业模式在金融服务、电子商务、旅游和酒店业等领域越来越受欢迎，因为它们可以提供快速、便捷的服务，同时还能降低企业成本。

然而，这种模式也需要企业在用户服务和体验上进行权衡，确保在减少接触的同时，不牺牲用户的满意度。也就是说，要想构建低接触商业模式，就需要深刻理解用户需求，为用户提供易用且功能强大的产品或者服务，并通过有效的营销和用户支持体系，确保用户成功使用。

1. 自动化与数字化用户服务

在低接触商业模式中，自动化和数字化交互是核心。企业通过自助服务门户、移动应用或网站使用户能够独立完成交易和解决问题，无须人工介入。这种服务模式不仅提高了效率，还增强了用户的自主性。数字化交互通过社交媒体、电子邮件和在线聊天机器人等数字渠道进行，取代了传统的面对面或电话沟通方式，为用户提供了更快速、更便捷的服务体验。此外，企业利用数据分析和人工智能技术来预测和满足用户需求，实现个性化服务，同时确保交易和用户数据的安全。

低接触商业模式非常依赖科技发展，尤其是智能化技术的应用，这些技术使得自动化服务成为可能。比如，远程医疗技术就是一种低接触模式的应用，它通过视频咨询和电子健康记录实现了医疗服务的远程交付，使患者不用到医院就可以享受医疗服务。

2. 设计功能强大的产品或者服务

在低接触商业模式中，设计功能强大的产品和服务是关键。企业需要开发易于使用、功能丰富的产品，以满足用户的需求。

低接触商业模式更依赖口碑，即用户进行自动转化，这要求产品或服务必须具备卓越的质量和明显的差异化优势，让用户一旦使用企业的产品或服务后，就成为企业的忠实用户。企业如果产品质量不够硬，服务品质不够好，却采取低接触商业模式，就会降低市场占有率。

低接触商业模式具有高便利性，但也有一定的局限性，特别是对于高价产品，对于高端服务，低接触商业模式可能无法满足用户的需求。因此，企业可以采取高接触和低接触相混合的方式来进行。

　　总之，低接触商业模式通过减少直接人际接触，提供了更加灵活、高效的服务体验，满足了现代用户对快速响应和自主选择的需求。

情绪价值：在情绪陪伴中做道场

情绪价值的核心在于创造情感上的联结和共鸣。在快节奏的现代生活中，人们越来越寻求情感上的满足和安慰。如企业果通过提供某种产品、服务或者场景，让用户的情绪得到一定的触动和满足，那么这种产品、服务或者场景对用户极具价值感，他们不但愿意为之买单，而且愿意将其分享出去，并十分珍视这种情感联结。

案例回放

2021年夏天，河南遭遇极端强降雨，多地出现了洪涝灾害。当时，鸿星尔克低调向河南灾区捐赠5000万元的物资。有网友知道这件事后非常感慨，并在社交媒体发出"鸿星尔克自己都快倒闭了，却还想着支援救灾，必须支持"的声音，一下子点燃了公众的热情。当粉丝发现品牌的官方微博账号连会员都没有时，马上替品牌充费，一时间引起连锁反应，众多用户一起帮鸿星尔克的会员续费至一百多年以后。在直播平台，鸿星尔克店铺的账号一夜之间涨粉近百万，销售额也从几万元暴涨到上千万元。鸿星尔克品牌直播间的主播不断地提醒用户要理性消费，但粉丝激动地说："野性消费，买，买，买。"鸿星尔克的线下店铺，甚至还出现了用户进店就买高价产品，付款时还多交钱的情形。

用户之所以对鸿星尔克在消费市场逐渐沉寂的品牌展现出特殊态度，

是因为捐款事件触动了他们的情绪，进一步说，品牌为用户提供了情绪价值。

企业的品牌建设，本质上是在目标用户的情感旅程中精心营造一处陪伴与共鸣的道场。它要求品牌不断地与用户建立深层次的情感联结，通过细腻的情感交流为用户提供情绪价值。因此，当用户在面临购买决策的关键时刻，那份潜意识中积累的美好情感体验和信任感将成为驱动他们选择某品牌的强大力量。

可以说，品牌的情绪价值，就是品牌的无形资产。那么，企业该如何积累这种无形资产呢？

1．情绪价值须保持一致性与连贯性

品牌在与用户建立情感联结时，必须确保其价值主张的一致性和连贯性。这意味着无论是产品设计、服务提供，还是每一次的品牌触达，品牌都应旨在与目标用户产生强烈的情感共鸣。同时，品牌在广告、产品、服务和企业行为等维度上，都要与用户产生共鸣，避免出现情感断裂。

比如，一个一直强调国产身份的品牌如果突然引入国外资本，可能会让用户感到困惑和背叛，影响该品牌的形象。同样，一个以低价著称的品牌如果推出了一款价格高、性价比高的产品，也可能打破用户对其低价形象的期待。

因此，品牌需要在保持一致性的同时，巧妙地管理和引导用户的期待，确保与用户的每一次互动，都能加深用户对品牌情感价值的认同。

2．情绪价值须注重长远效益

真正的品牌忠诚和情感联结是基于品牌对用户承诺的坚守和长期价值的实现。品牌不应该为了追求短期利益而牺牲这些核心价值，因为这种做法虽然可能会短期内提升销量，但长远来看会损害品牌信誉和用户信任。

品牌需要坚持其价值主张，即使在面临市场压力时，也要避免采取可能损害与用户长期关系的权宜之计。通过始终如一地提供优质产品和服务，品牌能够在用户心中建立真正的价值，从而实现销量的持续增长。

3. 情绪价值须是内在的、简约的

情绪价值并不需要复杂的元素和频繁的刺激。一些品牌可能认为情绪价值就是通过豪华的场景和过度的服务来吸引用户。其实，这样做可能往往增加了成本，却未必能真正触动用户的内心。相反，品牌清晰、持久的价值主张，即使在低接触模式下，也能让用户愿意接受和信任品牌。

比如，宜家家居的成功在于它不仅仅提供家具产品，还营造了一种生活态度和情感体验。宜家追求简约、实用和平价的设计理念，注重自助式购物体验，用户在宜家店铺可以自由探索、搭配和规划自己的家居空间，这种参与感和创造过程本身就可以实现用户情感上的满足和享受。

这种简约而不简单的情感联结，使得宜家在用户心中占据了特别的位置，即使在经济波动时，用户也愿意继续支持宜家。

品牌的情绪价值需要持续的积累与加强，通过长期、持续地与用户建立情感联结，品牌便能在用户的美好记忆中生根发芽，并最终形成双向互动：当用户有需求时，品牌积极响应；当品牌做出动作时，用户能立刻给予反馈。

第10章

定义新未来：拥抱新时代的生存法则

在科技更加繁荣、商业模式更加多样、商业形态更加复杂的时代，变化已成为常态。在这些变化之中，依然存在不变的核心理念和底层逻辑。洞悉当下，顺势而为，是企业在新时代生存和发展的首要法则。

六维趋势下的商业革新

当前，如人工智能、替代定位、碳捕获微生物、自主蜂群、弹热制冷技术等前沿科技，正对传统商业模式产生着深远的影响，推动着商业秩序的重构，深刻改变着人们的生活方式和健康状况。技术的人性化发展更是让机器人开始探索人类情感领域，为商业领域带来了前所未有的机遇与挑战。

面对当前复杂多变的商业环境，企业若想走在趋势前列，定义未来，就必须有全局观、高维的视角，看到变革前沿，尤其是技术前沿，能敏锐地觉察身边的细微变化，据此快速做出响应。本节将从经济脉动、文化交融、战略远见、技术浪潮、科技赋能和社会趋势这六个维度出发，探索企业决胜新时代的可能。

1. 经济脉动

在全球经济一体化的大背景下，我国经济正经历着从高速增长向高质量发展的转变。这一转变不仅体现在产业升级、结构优化上，还体现在对创新、协调、绿色、开放、共享的新发展理念的践行上。与此同时，全球经济虽然复杂，但新的大国崛起，新兴市场抱团崛起，国际贸易格局重塑，为我国企业发展提供了更广阔的市场空间。

在这样的经济形势下，企业应抓住以下机遇。一是利用国内市场的巨大潜力，提升产品与服务的品质与效率。二是积极开拓国际市场，借助

"一带一路"等国际合作平台，参与全球产业链、价值链的重构，实现资源的优化配置与市场的多元化拓展。

案例回放

申洲集团是一家以代工起家的服装制造商，在所有代工企业都想做自己的品牌时，申洲却坚持不自创品牌，也不筹建零售渠道，而是通过提高相应市场速度、协作能力，把代工做到极致。如今，申洲集团每年的净利率稳定在20%，超过国际品牌耐克、阿迪达斯。

2. 文化交融

在全球化与文化多样性的背景下，文化交融成为推动商业创新的重要力量。一方面，内循环战略的深入实施，促进了国内市场的消费升级与文化自信的提升，国潮品牌应运而生，成为新一代用户的宠儿。另一方面，企业在全球化进程中，必须尊重并融入当地文化，走本土化路线。

以星巴克为例，在进入中国市场时，星巴克不仅保留了其独特的咖啡文化，还推出了符合中国用户口味的茶饮产品，如"星冰乐"系列，成功融入了中国市场，赢得了用户的喜爱。

文化交融在商业环境中比比皆是，从国潮品牌的崛起到"非遗"文化的商业化，再到跨文化融合的企业管理，以及文化赋能品牌发展和城市商业街区的文化氛围营造，都是其具体体现。文化交融不仅能够增强品牌的文化内涵，还是价值主张的重要承载，能够提升品牌的市场竞争力和国际影响力。

3. 战略远见

中国作为一个迅速崛起的大国，其全球战略为企业提供了前所未有的发展机遇。无论是构建人类命运共同体的理念，还是"一带一路"，都是非常具有远见的战略。企业可以从中汲取经验，借鉴这些策略来优化自身的发展，实现更高层次的创新和增值。

以"一带一路"为例，不仅中国国内企业能够享受这一合作的红利，共建国家和跨国企业还能够获得实实在在的利益。比如，在中国承包的埃及斋月十日城轻轨铁路项目中，美国企业奥的斯电梯公司为该项目提供了180多部自动扶梯和电梯，实现了技术输出和市场拓展，共享了发展机遇。

人类命运共同体理念和"一带一路"，为当前火热的共享经济、联盟模式及生态圈提供了战略指导和政策支撑。

4. 技术浪潮

随着5G、云计算、人工智能等技术的快速发展，虚拟技术正成为推动商业模式创新的重要力量。比如，虚拟技术不仅改变了用户的购物体验，还为企业提供了全新的营销与服务模式。通过VR技术，用户在家中就能体验商品的外观、功能甚至使用场景，极大地提升了用户的购物体验与满意度。

5. 科技赋能

科技赋能，已成为驱动经济社会发展的核心引擎。在生物科技、新能源、新材料等前沿领域，科技创新持续突破，以强大的力量赋能产业升级与绿色发展，为各行业发展注入澎湃动力，推动社会迈向高质量发展新征程。

以宁德时代为例，作为全球领先的动力电池制造商，宁德时代通过持续的科技赋能，不仅提升了电池的能量密度与安全性，还推动了新能源汽车产业的快速发展，为全球能源转型与绿色发展做出了重要贡献。

6．社会趋势

在消费升级与可持续发展的双重驱动下，用户的需求正发生深刻的变化。他们不仅追求高品质的产品与服务，还注重环保、健康与社会责任。企业应顺应社会趋势，推出符合用户需求的产品与服务，同时加强供应链管理，实现绿色生产与可持续发展。

未来的商业模式创新需要企业在经济脉动、文化交融、战略远见、技术浪潮、科学赋能和社会趋势这六个维度上保持敏锐的洞察力和快速的响应能力。通过精准的战略定位、文化融合、技术应用和社会责任实践，企业可以在变革中找到新的机遇，实现可持续发展。

敏感度：在变中抓住不变的力量

市场敏感度，指的是企业对消费趋势、用户留存率、内容点击率等财务和营销数据变化的即时感知，对舆论动态的快速捕捉，对竞争对手新动作的敏锐洞察，对渠道变化的瞬时响应，对采用新技术的迅捷适应，以及对关联或非关联企业在产品或商业模式上的重大变革的迅速反应。同时，它还包括对股市波动等外部环境变化的即时关注，并能够基于这些信息迅速做出调整。简而言之，市场敏感度体现了企业对市场变化的快速感知能力和高效响应速度。

比如，实体超市商品品类丰富，曾是人们购物的最佳去处。然而，随着电子商务的兴起，实体超市受到了强烈的冲击，国际巨头如沃尔玛、家乐福等纷纷从国内撤场，存活下来的超市也如履薄冰。因此，很多人认为，超市的黄金时代要落幕了。然而，胖东来超市却逆势而上，为这个行业带来了新的活力。

企业对市场敏感度的高度重视，能够帮助其精准捕捉消费趋势、快速响应变化，从而在竞争中占据先机。这种敏锐的洞察力和高效的执行力，不仅能提升品牌影响力，还能为企业创造持久的价值。

案例回放

2024年，巴黎奥运会期间，一位外国观众背着2008年北京奥运会时期推出的一款背包入场，画面被镜头捕捉到，立刻引发了很多人的感叹。人们发现，历经16年时光洗礼，这款背包不管是在功能性上，还是时尚感方面，都丝毫不输当下的新款。而这正是祥兴箱包的作品。

祥兴箱包第一时间就关注到了这一舆论热点，并迅速组织营销团队，在各大社交媒体平台发布相关话题讨论，开设直播间，与消费者进行互动，借助奥运热度与消费者的情怀记忆，成功掀起一波回忆热潮。

不仅如此，祥兴箱包还推出了复刻奥运系列产品。复刻产品一经推出，就受到新老客户的热烈追捧，销量一路飙升。

为了应对未来变化的常态，企业必须不断进行市场敏感度训练，以识别和把握那些在变化中保持不变的核心要素，找准企业在动荡市场中的锚点，帮助企业保持方向感和目标感，从而在竞争中保持领先。

那么，企业该如何做敏感度训练呢？

1. 建立一个全面的市场分析体系

企业需要随时积累数据，捕捉市场变化的信号。这不仅涉及销售数据、用户反馈，还包括行业报告、竞争对手动态等。通过这些数据，企业可以量化市场的变化，并从中发现潜在的趋势和模式。在现实中，企业可能需要利用先进的数据分析工具，如大数据分析平台和人工智能算法，来处理和解读大量的数据。同时，采用定性研究方法，如深度访谈和焦点小组，可以帮助自身更深入地了解用户的需求和偏好。

2. 发现底层逻辑

任何变局中都有其发生、发展的底层逻辑，这些逻辑可能是技术发展的必然趋势，也可能是社会文化的深层次变迁。企业发现这些底层逻辑，可以帮助自身预测未来的市场变化，并制定相应的战略。其具体的操作方法包括进行跨学科的研究，结合历史数据和现实情况，以及运用系统思维和批判性思维来分析问题。通过这种方式，企业可以超越表面现象，洞察变化的本质。

案例回放

　　小罐茶在寻找自身的商业模式时，发现很多用户会将茶作为礼品送人，但茶行业缺乏清晰的价格定位和强势品牌，以至于用户在购买时存在诸多不便和困扰。为此，小罐茶通过工业化、规模化、品牌化的生产方式，重新定义精品茶，并通过品牌定位和有效营销占据用户心智，同时在长尾市场通过精品茶纵深发展，精准抓住受众需求。

　　小罐茶的底层逻辑，就是用新技术、新营销、新管理来"重做"旧行业。这里的"重做"不是简单复制，而是在深刻理解用户需求和市场变化的基础上进行创新和升级。

3. 学习和创新

　　在不断变化的市场环境中，企业要想保持高度的敏感度，就必须具备向外学习和向内创新的能力。当看到新的市场突破点或有人做出成功的尝试时，企业应积极学习其成功经验，并结合自身实际情况进行创新和调整。通过不断学习，企业能够紧跟市场趋势，避免掉队；而通过向内创新，企业能在激烈的市场竞争中脱颖而出，引领行业发展。

　　然而，在追求变革中，企业还要坚守真心为用户服务的理念，获客不只是动作上的捕捉，更是心灵上的温暖，这也是变化中不变的力量。只有立足于稳定的本质，企业才能应对形势动荡。

商业游戏化已成必备选项

近年来，游戏被广泛应用于商业领域。比如，拼多多的"砍一刀"活动，就是巧妙地融入游戏元素；天猫"双11"的"喵铺盖楼"和"叠猫猫"比赛；健身软件Keep应用通过用户成长体系的游戏化设计，激励用户完成运动任务……

在当今的商业环境中，商业游戏化已经不仅仅是一种趋势，而是所有企业变革的必备选项。它通过将游戏元素和设计思维应用于非游戏场景，增强用户体验，提高用户参与度和忠诚度，从而驱动自身商业价值的增长。

1. 游戏能增强用户黏性

（1）游戏给人设定小目标。这些小目标都具有跳一跳就够得着的特点，既具有挑战性，又具有可实现性，让玩家在努力的过程中不断获得成就感。

（2）游戏通过奖励机制来激发玩家的积极性。无论是虚拟的金币、积分还是实物奖励，都能让玩家在完成任务后获得满足感和愉悦感。

（3）游戏中充满惊喜和惊吓。无论是随机掉落的物品、隐藏的关卡，还是突如其来的挑战，都能刺激玩家兴奋激素的分泌，产生强烈的愉悦感和兴奋感。这也是游戏吸引玩家的关键因素之一。

（4）当代游戏还加入了丰富的社交元素。在游戏中，玩家可以与其他玩家组队、合作、竞争和交流，从而享受一种理想的社交满足。这种社交体验不仅让玩家产生归属感和认同感，让他们愿意在这样的形态下和一个组织去共同挑战完成一项任务。

（5）给玩家选择权和自由度。在游戏中，玩家可以根据自己的意愿和兴趣选择喜欢的任务和活动，也可以随时退出游戏，而不受任何限制。这种自主选择权和自由度让玩家感到轻松和自在，从而更容易对游戏产生依赖。

2. 游戏化是未来商业的必备选项

（1）游戏化是新时代用户的生活方式。新时代用户群体作为数字原生代，他们的成长历程与游戏紧密相连。从《魔兽世界》到《王者荣耀》，这些游戏不仅陪伴了他们的童年和青春，还塑造了他们的思维方式和行为习惯。因此，对这一代用户来说，游戏化不仅是一种娱乐方式，还是一种生活方式。他们习惯于在游戏中寻找成就感和满足感，也更容易接受和喜欢那些融入游戏元素的产品和服务。

如果在企业与用户的所有交互触点都融入游戏化元素，如使产品充满趣味性，让用户成为会员的过程变得吸引人，让用户的每次购物都能累积能量等，这样必将极大地激发用户的参与热情。

（2）游戏化的战略本质是让人积极参与。如果企业能将与员工之间的任务制定、利益分成、升级模式等都加入游戏化元素，用吸引力而非强制性来管理，员工是否还会对工作产生抗拒心理呢？游戏化策略不仅能够有效地吸引员工，还能在很大程度上吸引并留住人才，提升员工的工作积极性和满意度。

从这一点上说，游戏化不只是简单的游戏形式，更是一种让人积极参与的诱因。让人做主角，让人始终有成就感，让人始终沉浸其中，让人始终感到快乐等。因此，凡是想吸引人就可以设置游戏化过程，凡是吸引人的过程都可以游戏化。对商业流程而言，产品可以游戏化，营销同样可以游戏化。

（3）新科技也为游戏化做了充足的准备。比如，人工智能、大数据和虚拟现实等，为游戏化提供了强大的技术支持和无限的创新空间。这些技术的快速发展，使得游戏化策略能够更加精准地满足用户的需求，增强用户的体验，从而为企业创造更大的商业价值。

3. 商业游戏化必要的元素

（1）制定小目标。这些目标可以是完成某项任务、达到某个等级或获得某个成就等，从而提高用户的积极性和参与度。

（2）制定游戏规则。游戏规则是游戏的核心要素之一，它规定了用户在游戏中的行为规范和奖惩机制。在商业模式中，企业可以制定类似的规则来引导用户的行为和决策。比如，可以通过设置积分、等级和排名等机制来鼓励用户积极参与和贡献价值。

（3）奖励反馈。企业可以通过提供虚拟奖励（如积分、勋章、优惠券等）或实物奖励（如礼品、折扣券等）来激励用户积极参与和贡献价值。

通过借鉴游戏的机制、设计和思维，企业能够更有效地吸引用户参与，提升用户参与度，并最终实现商业价值的最大化。在未来的商业竞争中，游戏化将成为企业不可或缺的重要武器。

创造新产品，才有新出路

面向未来，企业必须进行开创性的变革，不仅仅是对现有商业模式的简单改进，更是通过独特的价值主张、技术应用或市场定位，创造新产品，创造出全新的市场机会或重塑行业格局，甚至变革用户的生活习惯和行业标准。

因为我们正处于升维的时代，每一次时代升维都会出现很多新产品。

案例回放

蒸汽时代，涌现了众多新兴产品，如蒸汽机车，它彻底改变了交通运输的面貌，成为工业革命的重要标志；蒸汽轮船，开启了全球化贸易的新篇章。电气时代，同样见证了无数新产品的诞生，如电灯，它点亮了夜晚，极大地改善了人们的生活条件；电力机车，它以高效、清洁的能源方式，推动了交通领域的又一次革命。互联网时代，新产品更是层出不穷，比如，智能手机，它集通讯、娱乐、工作于一体，成为现代人不可或缺的随身物品；电子商务平台，打破了传统商业模式的限制，让全球购物变得触手可及。

每一个新时代的到来，都是对传统认知的一次升维，随之而来的必然是万象更新的局面，新产品如雨后春笋般涌现。在这个充满机遇与挑战的时代，想象力、创造力、认知升级和迅速行动，都是实现个人价值、创造社会财富的关键。尽管电商行业经历了多年的发展，但对于初创者来说，依然存在着开创新产品、引领行业潮流的能力和机会。只要敢于创新，勇于尝试，企业就能在激烈的市场竞争中脱颖而出，享受创新带来的快乐与成就。

那么，企业该如何创造新产品呢？下面介绍三个最简单的方法。

1．提高效能

提高效能，需要借助新技术、新思维或新轨道。现在可以采用人工智能、大数据、物联网等新技术，提升产品和服务的效能，从而在市场中获得竞争优势，已经成为常态。

2．在用户心理建高维账户

心理账户，原指用户对不同种类支出或收益的心理分类。这种分类往往基于个人的情感、目标和价值观，而非严格的经济逻辑。心理账户的存在使得人们表现出不同的消费行为。

以买保险为例，人们若将其视为额外支出，则购买决策时间就会很长，付款意愿就不高。但如果将其看作未来的保障，那么人们的购买意愿完全不同。这是因为前者将其当作消费支出，后者将其当作未来投资，投资是有收益的，而消费没有。

心理账户是我们大脑中用于管理和评估财务决策的"账户"，它塑造了我们对金钱的态度和消费习惯。

要想创造新产品，首先，企业要清楚用户心中对不同产品或服务赋予的价值和意义。其次，企业要在用户心中建立新的高维账户，建立这个账户的依据是用户当前的情绪痛点和内在隐含的需求，即没有被市场表达过的需求，这才是企业新的机会，是创造新产品的保障。

近几年，商业市场一直在提倡"重做"。比如，"酒类可以重做一遍""化妆品可以重做一遍",其实就是给用户建立新的心理账户,在新的账户下,同样的产品有不同的意义和价值。企业若能看到这层意义,能定义价值,就能创造新的市场空间。

3. 给用户安全保障感

由于时代变革加速,很多人都难以找到自己的主场,于是产生了强烈的不安全感,出现焦虑、抑郁、紧张等心理障碍,脱发、失眠等情形也屡见不鲜。因此,为用户提供保障感的产品或服务变得尤为重要。

比如,小红书上非常火爆的汤泉馆,就给了年轻人自由"躺平"的机会。在那里,年轻人不用被动社交,不用思考工作,不用收拾自己那个功能不全的家,不用想那个因囊中羞涩而遥不可及的诗与远方,而是什么也不做,什么也不想,只为了内心在某一刻获得平安。

其实,创造新产品,依然需要在变中寻找不变的力量。时代变了,有的维度升级了,有的层面开始降落了,那些在变革中无法维持生活和心理平衡的人最需要新的产品,他们需要新的刺激,需要新的方向,然后鼓起重新生活的勇气,跟上时代的步伐。

说到底,企业创造新产品,就是要把握大时代的脉搏,锚定市场需求,通过开创性的努力,找到新的方向,实现自身的可持续发展。

驾驭新技术动力，融入新生态蓝海

在数字化时代，数字革新，既是全民需求，也是全民行动。而商业竞争本身具有排他性，要想获胜，就要创造稀缺性，越是依据新技术创新，就越不能落入技术的窠臼。因此，企业要挖掘新生态，找到蓝海领域。这虽然是困难的，但也有路径可循。

1. 将新技术做成基础设施

所谓基础设施，就是已经超越了商业内容，成为全民都受益的社会发展内容。后来的商业都要借助这些基础设施构建新的商业路径、商业形态、商业模式。

比如，微信已经深深融入人们的日常生活，成了全民社交的基础设施，极大地促进了信息流通和社会互动。微信也极具社会责任感，基于共生共荣的基础，为众多企业提供了一个低成本、高效率的数字化转型途径——微信小程序。从餐饮、零售到教育、医疗等，多个行业都在使用微信小程序为用户提供便捷的服务。

要想将新技术转化为全民受益的基础设施，企业首先要决战技术前沿，比如，计算机领域的四大计算模式，高性能计算、量子计算、云计算和边缘计算，再如，大模型与多模态智能体的发展，这些都可能成为下一代基础设施的关键技术。企业需要紧跟这些技术趋势，以保持竞争力，但这需要企业付出巨大的资金、人力和时间成本。

我们必须认识到，让新技术成为基础设施是一个既宏伟又充满挑战的目标，且机会往往可遇不可求。即便企业具备高度的前瞻性和强大的技术实力，也不一定能够轻松实现这一目标。这就像是一场漫长而复杂的马拉松，需要企业的持续投入和耐心探索，并随时准备应对各种未知的挑战。而且，企业一旦成为全民受益的基础设施，必然承担更多的社会责任，很多时候会限制企业的商业盈利属性，还会因商业垄断等问题而成为众矢之的。另外，新技术出现的时候，往往意味着传统技术下的某个或某些基础设施被淘汰。这就像智能手机的出现彻底颠覆了传统手机，乃至整个通信行业的基础设施一样。

2．新技术与需求纵向做加法

正如当初"互联网+"概念展现的那样，任何产业都可以通过与互联网的融合来实现变革与升级。适应未来的新技术都具有这样的潜力，它可以被广泛应用于各行各业，企业可以通过"新技术+"来完成升级。需要注意的是，"新技术+"必须根据企业的需求具体调整，才能更好地探索蓝海领域。这里以未来三个重要的商业形态为例进行说明。

（1）新技术+情感。以人工智能技术为例，我们可能很难想象这种技术和人类的情感、心理进行直接的联结和转化。但是，有些科技公司已经开始将新技术和心理学进行融合，正在开发高效的心理咨询产品。

新技术在心理健康领域的繁荣与应用正在以前所未有的速度推进。人工智能不仅改变了心理咨询的传统模式，还为人们提供了更加便捷、高效的心理健康服务。未来，随着技术的不断进步和应用场景的不断拓展，人工智能在心理健康领域将会发挥更大的作用。

（2）新技术+文化。文化价值和商业价值的融合是未来商业发展的一个重要趋势。企业需要根据品牌基因确定自己的文化特色、文化属性，然后将其与价值主张融合，通过向用户提供富有文化内涵的商品或者服务而获得用户的信任。因此，新技术+文化也将是创造蓝海市场的重要方式。

（3）新技术+新生态。只有技术深深植根于新生态中时，它才能展现出更为广阔的发展前景。换句话说，技术应当为新生态的发展提供助力。

商业的未来发展方向是多维度的，涉及技术、市场、用户联结、文化融合等方面。企业必须具备全局视野，紧跟时代步伐，以创新和适应性为核心，才能在不断变化的商业环境中立于不败之地。